ことばの散歩道 Ⅶ

成語・ことわざ雑記

上野恵司 著

白帝社

はしがき

　ここ 2 年ほどの間にわたくしが代表理事を務める一般財団法人日本中国語検定協会のホームページとサーチナ－serchina. net に掲出した日中言語文化比較エッセイ（ちょっとカッコつけすぎかな？）「日本語と中国語」の中から 75 回分をまとめて『ことばの散歩道』第 7 集として刊行することにした。「成語・ことわざ雑記」60 話と各話の余白に配したコラム「気になる日本語」からなる。

　掲出順序としては「気になる日本語」が 2015 年 2 月 6 日からの 15 回（これを分解して今回 60 コマに分けた），続いて本体の「成語・ことわざ雑記」が同年の 5 月 22 日から。うち第 51 話と 52 話の間に『阿 Q 正伝』をめぐる 15 話を挟んでいるが，この部分は今回収めなかった。目下，『阿 Q 正伝』の続きを書いているところであるので，いずれまとめて一冊にと考えている。まあ読んでもらえそうな人があればの話であるが……。

　コラムの「気になる日本語」は，当初の意図から外れて大半が親族名称をめぐる話題に終始してしまった。このことについては途中の第 49 話のコラム欄にちょっと弁解しておいたが，タイトルは元のままにしてある。

　本体の「成語・ことわざ雑記」のほうも，『阿 Q 正伝』を挟んだ第 52 話以降はタイトルからだいぶ外れてしまっているが，こちらも元のままにしておいた。まあ全体が老書生の気ままな（気まぐれと言うべきか？）ことばの散歩であるから，お恕しいた

だきたい。

　本書に収める文章を書いていた昨年の夏，既刊の『ことばの散歩道』第4集までが，北九州市立大学教授・王占華氏の斡旋により，中国において出版された。《中日语言文化漫步》“只缘身在此山外”—日本学者谈中国语言文化（吉林大学出版社，2016年7月）。

　サブタイトル中の“只缘身在此山外”は東坡詩《題西林壁》中の有名な一句“只缘身在此山中”のうちの一字を変えて王氏が選んでくれたものである。はたして期待に応えられているかどうかはなはだ心もとないが，著者としてはうれしいことであるので，記念に訳書の「あとがき」に記した文章を本書の巻末に収録した。併せてお読みいただければ幸いである。

2017年5月

上 野 惠 司

目　　次

はしがき ……………………………………………………………………… i

成語・ことわざ雑記

第 1 話　「一石二鳥」は日本語？　中国語？…………………… 9

第 2 話　「一石二鳥」は日本語？　中国語？（続）………… 12

第 3 話　『広辞苑』二度の御難 ………………………………… 15

第 4 話　惜しまれる消えた『広辞苑』初版本 ……………… 18

第 5 話　出番がなかった「一箭双雕」………………………… 21

第 6 話　大学の教室で「舟は船です」………………………… 24

第 7 話　"有的放矢"と"无的放矢"…………………………… 27

第 8 話　"矢"は"屎"に通じて使われた…………………… 30

第 9 話　"一石二鸟"？"一石两鸟"？……………………… 33

第10話　消えた成語"又红又专""一专多能"………………… 36

第11話　"矢住弦上，不可不发"……………………………… 39

第12話　"祖父"？　それとも"祖、父"？………………… 42

第13話　曹操の頭痛を癒やした檄文 ………………………… 45

第14話　"肝脑涂地"と「肝脳地に塗る」………………… 48

第15話　"桃李不言，下自成蹊"……………………………… 51

第16話　「桃李言わざれば」と訓んだ人がいる…………… 54

第17話　まるで庭石のような言語 …………………………… 57

第18話　「…しなければ…しない」…………………………… 60

第19話　"没票买票"が中国語の原型………………………… 63

第20話　同じ「而」が順接にも逆接にも ………………… 66

第21話　接続詞に頼らなくても（一）……………………… 69

iii

第22話	接続詞に頼らなくても（二）	72
第23話	接続詞に頼らなくても（三）	75
第24話	「金さえあれば」——お金の話（一）	78
第25話	「金がなければ」——お金の話（二）	81
第26話	「金があっても」——お金の話（三）	84
第27話	「金は天下の回り物」——お金の話（四）	87
第28話	"飯后百歩走"——わたくしの健康法	90
第29話	適量は3勺——わたくしの健康法（続）	93
第30話	尽く書を信ずれば書無きに如かず	96
第31話	若し薬瞑眩せずんば，厥の疾瘳えず	99
第32話	小を憂えて大を憂えず	102
第33話	年の始めに——ぼやき初め	105
第34話	年男・年女——縁起がいい？　悪い？	108
第35話	外面を飾ってもサルはサル	111
第36話	水中の月をすくおうとした猿	114
第37話	吾輩はサルの王様である	117
第38話	三百畝の田んぼがあったなら	120
第39話	家に三斗のコメがあったなら	123
第40話	ベビーブームがやってくる	126
第41話	「告朔の餼羊」羊は犠牲に供された	129
第42話	"冬至大如年"冬至は正月に匹敵	132
第43話	"冬至餛飩夏至面"冬至にはワンタン	135
第44話	春宵一刻値千金	138
第45話	「サヨナラ」ダケガ人生ダ（一）	141
第46話	「サヨナラ」ダケガ人生ダ（二）	144
第47話	「サヨナラ」ダケガ人生ダ（三）	147
第48話	「サヨナラ」ダケガ人生ダ（四）	150

第49話 「サヨナラ」ダケガ人生ダ（五）………………… 153

第50話 「サヨナラ」ダケガ人生ダ（六）………………… 156

第51話 「サヨナラ」ダケガ人生ダ（七）………………… 159

第52話 「喜」の字の祝いは満で？ 数えで？………… 162

第53話 えっ，重陽の節句を陽暦で？ ………………… 165

第54話 「人日」って？……………………………………… 168

第55話 「上巳」と「端午」………………………………… 171

第56話 万事陽暦が主流だが ……………………………… 174

第57話 陰暦九月は「菊月」……………………………… 177

第58話 節句働き？ 節季働き？ ……………………… 180

第59話 春節，国慶節──"倒休"で大型連休 ………… 183

第60話 中国の墓参日はいつ？ ………………………… 186

あとがきに代えて …………………………………………… 189

コラム：気になる日本語

1 連載の途中ですが

2 1月2日0時5分は1日の夜？ 2日の夜？

3 理屈のうえでは2日の夜だが……

4 日曜日は週末？ 週初？

5 手書きで一筆添えたい

6 わたくしの年賀状

7 "你有孙子吗？"と聞かれたら

8 「まご」にもいろいろござんして

9 お孫さんは？

10 孫はいないが，孫娘なら……

11 「孫娘」の反対語は？

12 次男の息子は内孫？ 外孫？

13 どっちのおじいちゃん？

14 母方の祖父母は「外」の人

15 "伯母""叔母"は父の姉妹に非ず

16 "伯父"と"叔父"を区別するわけ

17 叔叔，阿姨你们好！

18 "阿姨"は母の姉妹

19 "舅""姑"はしゅうと，しゅうとめ？

20 妻の両親もしゅうと，しゅうとめ？

21 舅と姑——前言取り下げの弁

22 「ありがたきもの」舅にほめ
   らるる婿

23 「ありがたきもの」姑に思はる
   る嫁の君

24 末までなかよき人かたし

25 強力な援軍が

26 わたくしの頭は中国語ボケ？

27 「岳父」はにょうぼのおやじ
   だが

28 面と向かってはどちらも
   "爸爸""妈妈"

29 千葉のおじさん，我孫子のお
   ばさん

30 我孫子に住みたくない！

31 ヒゲのおじさん，めがねのお
   ばさん

32 やかまし屋のおじさん，いら
   ちのおばさん

33 上に姉がいなくても"二女
   儿"？

34 "大女儿"の誤りでは？

35 そういう数え方が今風？

36 昔は女の子は数に入れてもら
   えなかった

37 劉備，関羽，張飛の場合

38 「二弟」は二番目の弟？

39 兄を名前で呼んではいけない

40 「雪姉ちゃん」は中国語に訳
   せない

41 財閥夫人靄齢，革命家夫人慶
   齢，権力者夫人美齢

42 姉妹で「齢」の字を共有

43 初めは「林」の字にしようと
   したが

44 三兄弟は「子」の字を共有

45 元春，迎春，探春，惜春

46 宝玉を取り巻く女性たち

47 林黛玉と薛宝釵がヒロイン

48 赦，政，敬，敷——ぼくにょ
   う（攴）を共有

49 話題がタイトルから外れっぱ
   なしですが……

50 『細雪』のナゾが解けるかも

51 周作人宛の日本人作家の手紙
   とはがき

52 記しにくい周作人のプロ
   フィール

53 わたくしの好きな現代作家

54 津村節子さんのご夫君

55 どちらが有名人？

56 「周家の三兄弟」樹人，作人，
   建人

57 茂樹，秀樹，環樹——小川家
   の三兄弟

58 ノーベル物理学者を育てた漢
   学の素養

59 京大一家

60 三十郎 ― 振一郎　朝永家は
   日本式

●カバー装画：佐藤多持

成語・ことわざ雑記

第 1 話

「一石二鳥」は日本語？　中国語？

―――――――――― 成語・ことわざ雑記 ―

えっ，中国語ではなかったの？

　「一石二鳥」という成語がある。解説するまでもないが，文字
どおりには「一つの石を投げて二羽の鳥を落とすこと」，転じ
て「一つの事をして二つの利益を得ること，或いは効果を挙げ
ること」。「それは一石二鳥だね」，「一石二鳥の名案だね」など
のように使う。

　この「一石二鳥」，よく調べないまま，わたくしは長い間中国
語に出典のあるものと思い込んでいた。そうではない，和製の
成語だったということを教えてくれたのは大学院での先輩に当
たる服部昌之氏である。同氏の『改訂・増補中国語＝新しい成
語の話』（光生館，昭和 57 年 11 月）に「日本で使うが，中国では
使わないか，ほとんど使わぬ成語」の例としてこの語を挙げ，
はっきり「和製成語」であると断っている。

「中国語でも使いますよ！」

　服部氏の分類では「一石二鳥」は「中国では使わないか，ほ
とんど使わぬ成語」に属するが，上に掲げた本の文脈から判断
すると，「ほとんど」ではなく，「まったく使わない」純然たる
和製成語と見なされているようだ。

　わたくしも氏の判断に同調して，教職にあった頃，留学生が
中国語のレポートに書いたり口頭で使っているのを添削したり
咎めたりしたことがある。日本在住の気の置けない友人には，

9

「日本語ボケしたか」などとからかったりもした。

　ところが，ある時，そんな友人の一人から「中国語でも使い
ますよ」と反撃をくらった。

載せている辞典もあるが……

　「使いますよ」と言われて何冊かの辞書に当たってみた。ど
の辞書にもというわけではないが，中にはこの語を収録してい
る辞書もある。

　例えば諸橋轍次博士の『大漢和辞典』。「一石」の下位項目と
して「一石二鳥」を立て，「一つの石で二羽の鳥を射おとす。一
つの仕事で，二つの目的を果す喩」とある。解釈は過不足ない
が，「一舉兩得」「一箭雙鵰」に同じとあるだけで，肝心の出典
についての説明が無い。

　『辞源』『辞海』のどの版にも無い。古語から現代語まで一通
り収める『漢語大詞典』にも無い。現代語について規範性の高
い《現代汉语词典》も，初版以来，2005 年の第 5 版に至るまで
一貫して無視し，2012 年の第 6 版に至ってようやくこの語を収
めている。

陳濤先生も認めた？

　日本語の辞典はどうか。『大言海』は収めない。『日本国語大
辞典』以下，『広辞苑』『大辞林』の類の中型辞典，『新明解国語
辞典』『岩波国語辞典』などの小型辞典に至るまで漏れなく収
録するが，いずれも出典については触れるところがない。

　中国で編まれた日本語辞典はどうか。ある時期まで日本語学
習者のバイブル的存在であった陳濤編《日汉辞典》は「一石」

の下位に「一石二鳥」を収めるが，訳語としては "一箭双雕"，"一挙両得" の2語を当てるのみ。ただし，同じ陳濤氏主編の《日汉大辞典》(機械工業出版社，1991年8月）は，上の2語の前，すなわち訳語のいちばん先に "一石二鳥" を置いている。日本生まれではあるが，漢語として違和感がないために徐々に中国語のなかに浸透しつつあるといったところが真相か。

連載の途中ですが

「連載の途中ですが」，魯迅を一休みして，しばらく「日本語と中国語」を話題にしたい。もっとも，もともとこちらが本題で，魯迅は長い寄り道であったかもしれませんが。話題が尽きたわけではないが，ちょっと気分転換をしてみたくなったのである。

きっかけはお正月に頂いた年賀状の中に，もっと日本語の話を聞かせてほしいというのが，何枚かあったことによる。

言われてみれば下手な魯迅論よりも，こちらのほうがまだしもという気がしなくもないし，言いたいことも多少はたまっているようにも思えてきたので。

気になる日本語1

┌─ 第 2 話 ─────────────────
│　　「一石二鳥」は日本語？　中国語？（続）
└──────────────────── 成語・ことわざ雑記 ─

2012 年版《现代汉语词典》で市民権を獲得

　「一石二鳥」について，《现代汉语词典》は 2012 年の第 6 版に至ってようやくこの語を収めたと書いた。白状すると，初め原稿に「第 6 版に至って……」ではなく，「第 6 版に至るまで一貫して無視している」としていたのを，ネット上に掲出する直前に念のためにともう一度辞書に当たってみたところ，第 6 版にはちゃんと出ているので，びっくりして修正したという次第である。

　現代中国語について規範性の高い《现代汉语词典》までもがこの語を収録しているとあっては，出自はどうであれ，"一石二鸟"はもはや現代中国語として完全に市民権を獲得していると認めざるを得ないだろう。

台湾経由で上陸か

　「一石二鳥」という成語の出所について，先に「日本生まれではあるが，漢語として違和感がないために徐々に中国語のなかに浸透しつつあるといったところが真相か」と記した。

　この見方については修正する必要を覚えないが，少し補足すると，戦前の日本統治時代にまず台湾で使われるようになり，その後，台湾と大陸との交流が盛んになるにつれて，台湾経由で中国語のなかに定着するに至ったという経路が考えられるかもしれない。

その日本語での使われ方であるが，手元の辞典の用例では，
『日本国語大辞典』精選版の「彼等の収入増となるばかりでな
く会社側にとっても著しく作業の進捗をみることになり，一石
二鳥といふことになった」というのが，いちばん古い。

或いは英語のことわざからか

　上の用例の出典については「劉広福（1944）〈八木義徳〉」と
あるから，八木義徳という人が 1944 年に書いた『劉広福』と
いう作品に使われているのであろう。スミマセン，作者のこと
も作品のことも，よく知りません。

　『日本国語大辞典』のほかに『広辞苑』にも『大辞林』にも
収められているが，どちらも用例を挙げていない。

　『広辞苑』が初版以来，ずっと“to kill two birds with one
stone”という英語を併記しているのは，或いは「一石二鳥」
がこの英語のことわざの訳語であると言いたいのであろうか。
訳語か，それとも日英両語の発想がたまたま一致したのか，わ
たくしには確かめようがない。

『広辞苑』初版の思い出

　『広辞苑』の「一石二鳥」については思い出すことがある。
以前にも書いたが，この辞典の初版が出た昭和 30 年はわたく
しが中学校を卒業して夜間の定時制高校に進学，同時に昼間の
高校の職員室に給仕として勤めた年である。

　5 月に『広辞苑』が出るというので，進学と就職の記念に初
月給の一部を割いて昼間の学校の購買部で予約したのを覚えて
いる。本好きの少年の意気に感じてか，書店主のＦさんが何割

だか，とにかく破格の値引きをしてくれたのはうれしかった。この老店主は4年後にわたくしが大学に進学した際に，当時出版されたばかりの大きなドイツ語辞典を贈ってくれた。前者は二代目が（なぜ二代目かについては次に述べる），後者はそのまま座右の書として今も机辺に置いている。

1月2日0時5分は1日の夜？ 2日の夜？

　新年早々失敗をした。

　テレビはめったに観ないが，ことばの勉強の足しにとスカパーCCTV大富チャンネルの連続ドラマを一つだけ，なるべく欠かさずに観ている。月曜から金曜まで，当日午前に放送した分の再放送を観て休むというのが，このところの習慣になっている。

　暮れの30日と31日は特別番組とかで，その分は1月2日の夜0時5分から2回分まとめて放送するという。そこで2日の夜テレビをつけてみたが，どうも様子がおかしい。2回分の再放送ではなく，当日の午前分らしきものが1回だけで終わってしまって，その続きは無い。

　「いい加減だな，抗議しようか」などと腹を立てたまま床に就いた。

気になる日本語2

第 3 話

『広辞苑』二度の御難

―――――――――――――――― 成語・ことわざ雑記 ―

日本の辞書は造本が頑丈

初月給で買った初代の『広辞苑』のゆくえでしたね。

韋編三たび絶って買い替えた？　まさか。確かによく引きましたし，通読もしましたが，日本の辞書は半世紀前の当時でも，という言い方はカドがあるかな？　でも，わたくしの机辺にある何冊もの中国刊の辞典が負けの込んだお相撲さんみたいにセロテープやらガムテープで修理されているのを御覧になれば納得していただけるに違いない。とにかく日本の辞書は造本が頑丈に出来ています。と言っても，「辞書は日本製に限る」というわけにもいきませんしね。中身が大切ですから。

ああ，また脱線してしまいました。記念すべき初代『広辞苑』のゆくえでしたね。

人も本も消えた

東京で進学したわたくしは 6 年間を大学の学生寮で過ごしました。その 2 年目であったか，3 年目であったか，上京してきた高校時代の同級生がたまたま 4 人部屋のベッドが 1 つ空いていたのをよいことに暫くの間わたくしの部屋に転がり込んでいました。もちろんこういうことは規則違反でしたが，別にいちいち咎め立てする人はいませんでした。

夏休みでしたか，数日わたくしが部屋を空けて戻ってきたところ，同級生は姿を消していて，ついでにかの『広辞苑』ほか

15

数冊の本が無くなっていました。同室の友人の話では，わたくしから借りることになっていて，ふろしきに包んで持ち出したとのことです。

　おおかた質屋か古本屋にでも持ち込んで，帰りの汽車賃の足しにでもしたのでしょう。

当時は使い古した辞典にも値が付いた

　というしだいで，今わたくしの手元にある『広辞苑』初版はのちに買い求めた重版本というわけです。それにしても使い古した辞典が質草として通用し，そこそこの，少なくとも汽車賃の足しになるくらいの値段で古本屋が買い取ってくれたのですから，今日とはだいぶ違いますね。わたくし自身も，当時，読み終わった新刊書を半額くらいの値段で買い取ってもらったり，同じ店で購入した古本を，読み終わった後，購入時とさほど違わない値段で買い戻してもらったりした記憶があります。

　くだんの同級生は親友と呼べるほどの深い付き合いはありませんでしたが，自治会活動などでなかなか筋の通った明快な議論をするので一目置いていました。在日朝鮮人だか韓国人だかの子弟で，のちに北朝鮮に渡ったと風の便りに聞きましたが，さて今はどうしていることやら……。

第二版は大学紛争の犠牲に

　『広辞苑』第二版は昭和44年5月に出版されています。この第二版も出版されてすぐに購入しましたが，今手元にあるのはのちに重版されたものです。

　昭和44年でしたか，わたくしが関西の私立大学の教員に

なったばかりの頃，折からの大学紛争の浪が押し寄せて研究室が一時封鎖されたことがあります。封鎖が解かれた後，研究室に入ってみると書架の本がかなり散乱していました。もっとも新米教師のわたくしの部屋などは軽い方で，占拠派学生の生硬な議論に頑として譲歩しなかった硬骨の老教授の部屋など，惨たるものでした。

　ただ，わたくしの場合，散逸してしまった何冊かの本の中に『広辞苑』第二版が含まれていたのが，心残りと言えば心残りでした。

理屈のうえでは2日の夜だが……

　床に入ってから，はたと気づいた。2日夜12時5分というのはわたくしの早とちりで，元日の夜の12時が過ぎると日付は2日に変わっているわけであるから，再放送は2日の夜ではなくて，1日の夜であることに気づかなければならなかったのである。

　理屈のうえでは確かにそのとおりであるが，でもやっぱり釈然としないなあ。NHKのニュースを聴いていると，「日付が変わって○月○日午前零時のニュースを……」とか言って，つい30分ほど前の出来事を「昨夜11時過ぎにどこそこで地震が……」などと報道しているけれど，あれは「今夜」と言ってもらったほうがわかりやすいのではないだろうか。その証拠にアナウンサー自身もしばしば「今夜」と読みかけて，あわてて「昨夜」と読み直したりしている。

気になる日本語3

第 4 話
惜しまれる消えた『広辞苑』初版本

――――――――――――― 成語・ことわざ雑記 ―

安くはなかった『広辞苑』第一版

先にも記したが，わたくしが初月給で予約した昭和30年5月刊の『広辞苑』第一版は書店主のFさんが破格の値引きをしてくれた。記憶違いでなければ定価2千円のところを千円しか払わなかった。わたくしが値切ったのではない。本当はプレゼントしてくれようとしたのを，わたくしが初めてもらった給料で記念に買うのだと意地を張って無理やりに半額を押し付けたのである。

就職時にもらった辞令に「大阪府立清水谷高等学校給仕を命する　二級三号俸を給する（5,300円）」とあるから，それでも安い買い物ではなかった。同じ学校の新任の先生の給料が1万円そこそこであったから，定価の2千円はその2割ということになる。それに比べると現行の第六版8千円は格段に安い。別に岩波書店の 提 灯持ちをするわけではないけれど……。

君の御胸の谷間に

先頃亡くなられた丸谷才一さんの文章を読み返していて，そう言えばそんなこともあったなあと思い出したのだが，『広辞苑』第一版を読んでいたら「谷間」の項に「谷と谷のあいだ」という説明があって笑った記憶がある。「谷と谷のあいだ」にあるのは「山」でしょうか。初め一人で笑っていたら，他にも気づいた人があったらしく，ひとしきり話題になった。

18

楠本憲吉だったかの（ちょっと自信がない）句集に「汝が胸の谷間の汗や巴里祭」という艶っぽい句があったと記憶している。この「谷間」の使い方が正しい。手元の重版本では「谷のなか。たにあい」と，こっそり（？）書き換えてある。

　ほかにもいくつか「発見」があって，消えた初版本にはいちいち書き込んであったのだが……。

本来は"一箭双雕"だが

　だいぶ横道にそれたが，今は中国でも使われる「一石二鳥」という四字成語は，もともとは日本生まれではないかという話でしたね。

　では「一石二鳥」に当たる本来の中国語は？　ただちに思いつくのは，なんて格好をつけなくてもたいていの辞書には載っていることですが，"一箭双雕"（yī jiàn shuāng diāo）である。一本の矢で二羽のワシを射落とす。まさしく「一石二鳥」ですね。

　この"一箭双雕"の故事は『隋書』の長孫晟という人の伝記に出てきます。ほかにも出ているようですが，わたくしはここしか見ていません。

"一箭双雕"は「一石二鳥」「一挙両得」（？）

　晟は弓の名手で，ある時，二羽のワシが空中で獲物の肉を争っているのを見て，これを一本の矢で見事に射落としたというのである。那須与一みたいな人ですね。

　ただし，上の故事に見る限りでは，"一箭双雕"は射術に優れていることをいうだけで，ただちに「一石二鳥」とか「一挙両

得」の意味にはなりませんね。事実、『隋書』では晟の射術を称えているだけで、特に成語として使われているわけではなさそうです。

　劉潔修編著《汉语成语考释词典》はわたくしが成語について調べるのに最も重宝している一冊ですが、この本によると"一箭双雕"が「一挙両得」の意味の成語として使われるのは、ずっと時代が下って清末の長編小説『官場現形記』においてです。

日曜日は週末？　週初？

　日本も中国も週の始まりは日曜日からである。昔、確かめたことがあるが、法律のどこかに規定があるはずである。軍歌だか戦時中の歌だかに「月月火水木金金」というのがあったかと思うが、これが月曜日始まりだと「月火水木金金金」となってしまって、様にならない。

　だとすると、「今週の日曜日は何をしますか」という日本語はヘンだということになる。発話の時点でもう日曜日は過ぎているのであるから。中国語の"这星期天"もかなりあいまいである。

　金曜の夜、別れ際に「よい週末を」と挨拶を交わすのも、よく考えてみるとちょっとヘンだ。この「週末」には日曜日は含まれていないはずであるから、正確には「よい週末と週初を」と言うべきである。まさか。

気になる日本語 4

```
第 5 話
```

出番がなかった「一箭双雕」

―― 成語・ことわざ雑記 ―

台湾刊『成語典』に「一石雙鳥」

　一つの事をして二つの利益を得たり効果を挙げたりすること
のたとえに使われる「一石二鳥」という成語は，確たる証拠は
ないが日本生まれで，たぶん台湾を経由して大陸に輸入され，
今日では中国語として一般に使われるようになり，《现代汉语
词典》も 2012 年刊の第 6 版に至ってこの語を収録していると
いうのが，これまで述べてきたことである。

　「台湾を経由して」というのは憶測の域を出ないが，民国 60
年（1971 年）4 月初版，同 62 年（1973 年）11 月修訂再版の繆天
華主編，復興書局印行『成語典』が，大陸刊の成語辞典類より
も早く「一石雙鳥」を収録していることは，わたくしの憶測を
いくらか補強してくれるかもしれません。

使える『成語典』

　中国の大きな書店に行くと何十種類もの成語辞典が書棚に並
んでいます。さらにそれらのうちの売れ行きのよいものは目立
ちやすい場所に平積みになっています。中国人はよほど成語好
きと見えます。実際，中国語のスピーチなどを聞いていますと
よく成語が使われていますし，成語のオンパレードみたいな文
章に出会ったりすることもしばしばです。

　わたくしもショウバイ柄，目についた成語辞典はたいてい購
入していますが，さて何冊あるでしょうか。5、60 冊は超えて

いそうです。でも，それらのすべてを使っているわけではありません。中には明らかにノリとハサミで作ったとしか思われないシロモノもあって使いものにならないからです。それらのなかで上に挙げた『成語典』は難問に出会った時，何番目かには必ず手にする一冊です。

先に"一挙両得"が

先に「一石二鳥」に相当する本来の中国語は"一箭双雕"であると記しました。成語として定着するのはかなり後のようですが，故事そのものは『隋書』に出てくるくらいですから，かなり古いことばです。でも，どうしたわけか，日本語としてはイッセンソウチョウとして使われることはなく（絶対に使われないとはもちろん断言できませんが，わたくしの狭い読書の範囲では一度も出会った記憶がありません），同義の「一挙両得」が使われたり，新たに「一石二鳥」を創ったりしたのは，不思議と言えば不思議ですね。

中国語としての"一挙両得"は"一箭双雕"よりも遥かに古いようです。先に"一挙両得"があり，これが定着している以上"一箭双雕"の出番はなかったということでしょうか。

光陰「矢」の如し

「一挙両得」がすでにある以上「一箭双雕」の出番がなかったという推量は，先にも触れたとおり，中国語においても"一箭双雕"が長く文字どおり一本の矢で二羽のワシを射落とすこと，すなわち射術の巧みなことをいうだけで，なかなか「一挙両得」や「一石二鳥」の意味の成語にはならなかったという事

実からも裏付けを得ることができる。

　加えて日本語の場合，「一箭双雕」のなかの「箭」「雕」ともにややなじみが薄いということもなにほどかのかかわりがあるかもしれない。"光阴似箭""归心似箭"に「光陰矢の如し」「帰心矢の如し」と，"箭"の字に「矢」を当て，明らかに別種であるはずの「雕・鵰」の代わりに「鷲」を使うのが日本語であるからだ。

手書きで一筆添えたい

　年賀状を 150 枚ほど交換している。先輩，友人，後輩……。200 枚印刷して 50 枚は家人に回して親戚や隣人など共通の知人分はそちらに任せる。教職にあった数年前までは 300 枚ほど使っていたが，今は半減した。付き合いの範囲が狭くなったこと，交換手段がわたくしとは無縁の電子機器に移ったことなどが影響しているかと思う。

　印刷の文面は賀詞の後に近況を記すほかに手書きで必ず一筆添える。宛名は手書きする。自分がそうするから相手にもそうせよというつもりはないが，裏も表もすべて印刷のみというのはいささか興ざめである。宛名がラベルで，しかも歪んで貼り付けられていたりすると，「そんなに忙しいならわざわざくれなくてもいいのに」とつぶやきたくなる。

気になる日本語 5

第 6 話

大学の教室で「舟は船です」

―――――――――― 成語・ことわざ雑記 ――――

「矢」と「箭」どちらが難しい？

「一箭双雕」という成語が日本語に定着しにくかった原因と
して，この語よりも先に同じく中国起源の「一挙両得」が使わ
れていたことと併せて，「箭」も「雕」も日本人にはややなじ
みが薄いということを挙げ，うち「箭」について "光阴似箭"
の "箭" も "归心似箭" の "箭" も，共に「矢」に置き換えて
「光陰矢の如し」「帰心矢の如し」と訓じていることを指摘し
た。

確かにわたくしたち日本人にとって，「箭」の字は「矢」に
比べてなじみが薄い。ところが中国人にとってはその逆で，
「箭」よりも「矢」のほうが難しいらしい。まさか！「いくら
なんでも」と思いますよね。でも事実のようなんです。

では "犬" と "狗"，"足" と "脚" は？

今日の中国において最も普及している小型の字典《新华字
典》で "矢"(shǐ) を引いてみますと，解釈はただ "箭" とあ
るだけで，それ以上の説明はありません。詳しくは "箭" を見
よということのようですね。その "箭" の項を見ますと，はじ
めて "用弓发射到远处的兵器，箭杆前端装有金属尖头"（弓で遠
くへ発射する武器，矢柄の先に金属製の矢じりが付いている）という
説明が出てきます。事情は《现代汉语词典》でも大きな違いは
ありません。

24

"矢"と"箭"に限らず，"舟"と"船"，"犬"と"狗"，"足"と"脚"，"目"と"眼"，"食"と"吃"，"飲"と"喝"，"甘"と"甜"……，まだまだありますが，わたくしたちにとってはより易しいと感じられる前者よりも，後者のほうが中国人には易しいらしいのです。

「矢」と「箭」もとは方言の違い

中国で「古代漢語」の授業を聴講させてもらったことがありますが，老教授が難関を突破して入学してきた大学生に"舟"は今日でいう"船"のことだと講釈しておられたり，テキストの古典読本の語釈欄に"犬"は"狗"のことだとあったりしたのにはびっくりさせられたものです。

"矢"と"箭"の違いについて，わたくしが日頃よく引く《中華古漢語大辞典》という辞書（吉林文史出版社，2000年5月）に面白い記述がありました。関西の地では"箭"を，江淮の地では"鏃"を，関東の地では"矢"を使うというのです。ここでいう「関西」と「関東」は函谷関・潼関の関所を境にして西の地と東の地を指しているようですから，"矢"と"箭"の違いは方言による差ということになります。日本でもよく「関東では……，関西では……」という説明がなされますね。

揚雄『方言』は方言調査のはしり

《中華古漢語大辞典》の"矢"と"箭"の違いにはもとづくところがあって，漢の揚雄という学者の『方言』という本に拠っています。

『方言』の正式名称は『輶軒使者絶代語釈別国方言』という

長たらしいもので、個別の事物について時代と地域による呼び方の違いを調査して辞典式に排列しています。調査の方法は当時手に入れることのできた書物を参考にするほか、各地から朝廷へ参勤する使者をつかまえて、「あなたの所ではこれを何と言いますか」式の聞き取り調査をしたと言いますから、今日の学問的方言調査のはしりとも言えそうです。

　揚雄には別に『法言』という著作があって紛らわしいですが、こちらは『論語』みたいな本です。

わたくしの年賀状

　今年2015年のわたくしの年賀状は「謹賀新年」の4文字に未(ひつじ)年にちなんで篆刻による「大吉羊」の3文字を添えた。「羊」は「祥」に通じ、十二支のなかで最もめでたい動物とされている。

　近況報告は、
　　わたくしは昨年秋に後期高齢者の仲間入りを致しましたが、幸い健康に恵まれ、本と土と微量の酒を友に気ままな山麓生活を楽しんでおりますので、他事ながらご放念くだされたく存じます。
というものであった。
　もっとも、実情は「気ままな山麓生活」にはまだ程遠いが……。

気になる日本語6

```
┌─ 第 7 話 ─────────────────────────
│        "有的放矢" と "无的放矢"
│                          ── 成語・ことわざ雑記 ─
└─────────────────────────────────
```

"有的放矢" 的有りて矢を放つ

　中国語においては日本語とは反対に弓矢の「矢」を表すのに
もっぱら「箭」を使いますが，例外がないわけではありませ
ん。

　直ちに思い浮かぶのは "有的放矢" という成語です。毛沢東
の文章に出てくるので文化大革命中に盛んに使われました。早
く 1942 年 2 月に毛沢東は《整頓党的作风》(党の作風を整えよ
う)と題して延安の中国共産党中央党学校の始業式で行なった
演説のなかで，次のように使っています。

　　馬克思列宁主义理论和中国革命实际，怎样互相联系呢？拿
　　一句通俗的话来讲，就是 "有的放矢"。"矢" 就是箭，"的"
　　就是靶，放箭要对准靶。

毛沢東も「矢」とは「箭」のこと

　外文出版社版『毛沢東選集』の訳文は次のとおりです。

　　マルクス・レーニン主義の理論と中国革命の実際をどのよ
　　うにして結びつけるのか。わかりやすいことばでいえば，
　　「的があって矢をはなつ」ことである。「矢」とは弓矢の矢
　　であり，「的」とは標的であって，矢をはなつには標的をね
　　らわなければならない。

　マルクス・レーニン主義と中国革命との関係は，矢と的との
関係であるということを言うのに，毛沢東一流のたとえを用い

27

ているのであるが，訳文の「『矢』とは弓矢の矢であり，『的』とは標的であって」の原文が"'矢'就是箭，'的'就是靶"であるのが面白いですね。"矢"（shǐ），"的"（dì）よりも"箭"（jiàn），"靶"（bǎ）のほうが，中国人にとってわかりやすいのです。

"无的放矢"的無くして矢を放つ

"有的放矢"の反対は当然"无的放矢"ということになりますが，こちらも毛沢東が同じ《整頓党的作风》のなかの上に引用した箇所に続く部分で適切に用いています。

马克思列宁主义和中国革命的关系，就是箭和靶的关系。有些同志却在那里"无的放矢"，乱放一通，这样的人就容易把革命弄坏。

こちらも外文出版社の訳文を借用します。

マルクス・レーニン主義と中国革命との関係は，つまり矢と的との関係である。ところが，一部の同志は「的がなくて矢をはなち」，乱射している。このような人はともすると革命をぶちこわす。

"有的放矢"は毛沢東の発明？

矢を放つには的を定めなければというたとえは古くからあったが，これを"有的放矢"という四字成語として用いたのは毛沢東が最初のようです。「のようです」と言っても，これまでの読書で出会った記憶がないことと，手元の辞書類を引っ張り回しても出てこないというだけのことですが……。

一方の「的なくして矢を放つ」は，むしろこちらのほうが早

くから，またよく使われてきたようですが，"无的放矢" という四字成語としても，毛沢東よりも先に梁啓超（清末・民国時代の思想家）や魯迅も使っています。うち《且介亭杂文二集》における魯迅の使用例はこうです。

当時的抗战之作，就都好像无的放矢，独个人在向着空中发疯。（その当時の抗戦的作品はすべて的なくして矢を放っているようなもので，一人だけで空中に向かってわめいている。)

"你有孙子吗？" と聞かれたら

日本在住の中国の方から頂いた年賀状に可愛らしい女の子と元気のよさそうな男の子の写真が印刷されているのがあった。添えられているキャプションは「孫娘と孫」とあるのを見て，やっぱり中国の方だなと思った。

「孫娘」という言い方は日本語にも無いわけではないが，通常は男女の区別なしに「孫」の一語で間に合わせている。だから，例えばわたくしが，「お孫さんは？」と聞かれて，「1人です」と答えたとする。すると相手は，「男の子ですか，女の子ですか」と聞くに違いない。

これが中国語だと，"你有孙子吗？" という問いに，わたくしはまず "我没有孙子" と答え，これだけではぶっきらぼうすぎるから，"只有一个孙女" と付け加えるはずである。

どうしてそんなややこしいことになるのか。

気になる日本語 7

第 8 話	

"矢"は "屎"に通じて使われた

――――――― 成語・ことわざ雑記

"众矢之的" おおぜいの人の非難の対象

"有的放矢" "无的放矢" のほかに "矢" の字を含む四字成語として思い浮かぶのは，せいぜい "众矢之的" くらいです。

「衆矢の的」，多くの矢で射られる的。転じておおぜいの人の非難の対象。れっきとした漢語かと思っていましたが，日本語には入っていないようです。魯迅が『朝花夕拾』という散文集に収める『琐記』（こまごまとした事）という作品（1926 年 10 月）のなかで使っています。

> 那时为全城所笑骂的是一个开得不久的学校，叫作中西学堂，汉文之外，又教些洋文和算学。然而已经成为众矢之的了。

"众矢之的" バリエーションいろいろ

> 当時城内に中西学堂というみながばかにしている，開いて間もない学校があり，漢文のほかに外国語や数学などを教えていた。だが，すでに多くの人の非難攻撃の的となっていた。

紹興にあったこの学校は伝統的な学問のほかに数学や英語，フランス語などの新しい学問を教えるというので，受け入れられず，国粋主義者から非難攻撃されていたのであろう。

魯迅はこの学校に多少の関心を示したようであるが，もっと新しい学科が設けられていて，しかも授業料のかからない学校

を求めて，結局は南京に行っている。

先に触れた《汉语成语考释词典》によると，"众矢之的"は
また"丛矢之的""集矢之的""万矢之的""众怨之的"などとし
ても使われたようであるが，いずれも《现代汉语词典》は収録
していない。

「遺矢」『広辞苑』にもあります

"矢"には"有的放矢"の"矢"，すなわち"箭"のほかにも
いくつかの意味がある。その代表的なものは「誓う，誓いを立
てる」である。これには"矢口抵赖"（shī kǒu dǐ lài——頑として
非を認めない，あくまでもしらを切る）という成語がある。

もう一つ，これは古語だが，同じ発音の"屎"に通じて使わ
れる。"屎"は"拉屎"（大便をする）の"屎"，糞，くそという
意味である。

"矢"を"屎"に通じて使った例としてただちに思いつくの
は"遺矢"（yíshǐ）である。正真正銘の漢語で，「いし」と読ん
で『広辞苑』にも収められている。

　　［遺矢］（矢は屎の意）いながら大小便をもらすこと。

　　　　いびたり。

廉頗将軍三度 厠 に立つ

「遺矢」という語は『史記』の廉頗藺相如列伝に見える。廉
頗は戦国時代の趙の武将で藺相如との刎頸の交わりで知られ
る。

　　廉頗將軍雖老，尚善飯。然與臣坐，頃之三遺矢矣。（廉頗将
　　軍は老いてなお健啖であります。ですが私と対座中のわずかな時

31

間のうちに何度も厠に立たれました。）

晩年の廉頗がなお登用されたいと思っているのを，趙王が使者を遣って様子を見させたところ，廉頗は一度の食事に一斗の米，十斤の肉を食べ，甲を着けて馬に乗り，ことさらに健在ぶりを誇示しようとしたが，その始末はこのようであったというのである。

上の「三遺矢」をある訳書が「三度も便をもらした」としているが，どうだろうか。

「まご」にもいろいろござんして

日本語の「孫」に相当する語は中国語では“孫子”（息子の男児），“孫女”（息子の女児），“外孫子”（娘の男児），“外孫女”（娘の女児）に分かれ，これらをひっくるめていう語は存在しない。

だから，「ようやく孫が出来た」という一見平易な日本語も，いざ中国語に訳せと言われると困ってしまう。一応は“好容易才抱孫子了”くらいでお茶を濁しておくしかないが，厳密に言えばこの中国語は「息子夫婦に男の子が生まれた」ことを言っているに過ぎないのである。

「まご」に限らず，「そふ」「そぼ」，「おじ」「おば」，「おい」「めい」……，すべて父方か母方か，息子方か娘方かによって名称を異にするから，中国語はややこしい。

気になる日本語 8

```
┌─ 第 9 話 ──────────────────────────
│        "一石二鸟"？ "一石两鸟"？
│
└──────────────────── 成語・ことわざ雑記 ─
```

"放屎"では汚すぎる？

　"矢"が同音の"屎"に通じるということで，吹きだしそう
な話があります。「こんなことがあったんですよ」と当時の放
送局の内情に詳しい人から聞いた話です。

　文化大革命中の当時，毛沢東主席が愛用したというので，"有
的放矢"が至る所で使われました。誰が言いだしたのか，yǒu dì
fàng shǐ では「的をめがけてクソを投げつける」となってしま
う。主席のありがたいお言葉がこれでは恐れ多いから，"矢"を
第3声 shǐ ではなく第1声 shī に読み替えようというのです。
実際にそんなふうに読み替えられたのかどうかは確認し忘れま
したが，あの時代，そんなことがまじめに議論されたことは事
実のようですね。

《应用汉语词典》は"一石两鸟"

　先に"一石二鸟"は《现代汉语词典》第6版（商務印書館，
2012年6月）に至ってようやく中国語として認知されたという
意味のことを記しましたが，これよりも早くこの成語を収録し
た辞典に《应用汉语词典》があります。同じ商務印書館から
2000年1月に出ています。編者は同社の辞書研究中心。《现汉》
ほどの規範性はありませんが，《现汉》で解決できなかったこ
とが，時にこの辞典で解決することがあって，わたくしは愛用
しています。

33

厳密に言いますと，《応用汉语词典》が収めているのは“一石二鸟”ではなく，“一石两鸟”です。釈義は《现汉》の“投一块石子儿打到两只鸟，比喻做一件事情，同时达到两个目的”に対して，“比喻做一件事情能达到两方面的目的”と簡単ですが，趣旨に大きな違いはありません。

中国語らしいのは“一石两鸟”

　“一石二鸟”と“一石两鸟”，どちらが正しいとか間違っているとか言うつもりはありませんし，言う資格もありませんが，成語として，より中国語らしいのは後者，すなわち“一石两鸟”のほうのように感じられます。

　理由は簡単，“二”は“第一”“第二”……，或いは“一月”“二月”……のように順序を数えるのに，一方の“两”は“一个”“两个”……，或いは“一点”“两点”……のように数を数えるのに使われるのが普通だからです。「一石二鸟」の「二」は，順序を言っているのではなく，言うまでもなく二羽の鳥の数を表しているのですから，“一石二鸟”よりも“一石两鸟”のほうが中国語として落ち着きがよいのです。

《现汉》“一石二鸟”は原語に義理立て？

　“心无二用”（一度に二つの事に心を使ってはならない）のように例外もありますが，“一清二楚”“一干二净”などの形容詞を分離した強調表現や“一穷二白”（一に貧窮，二に空白；経済的に立ち遅れ，文化的に白紙に近い状態）などの“二”は，いずれも序数と解すべきものです。

　一方，先に挙げた“一举两得”をはじめ，“一刀两断”（一刀両

断：きっぱりと関係を断つ），“一身両役”（一人二役），“三言両語”
（二言三言）などの“両”は，“二”に置き換えられることはな
さそうです。

《現汉》が“一石両鳥”ではなく“一石二鳥”のほうを採用
したのは，日本産の原語「一石二鳥」を尊重してのことでしょ
うか。

お孫さんは？

新年に，かつて中国からの留学生としてわたくしのクラス
に出ていた友人に会った時，「先生，お孫さんは？」と聞かれ
た。この君に限らず，何年か前までは「お子さんは？」と聞
かれたものだが，今は「お孫さんは？」である。

それが年長者に対する礼儀と心得ているのか，或いはわた
くしの貧弱な語学力を憐んでか，中国の友人はみな日本語で
話しかけてくれる。

これに対して甲羅を経た元教師は，何とか対処できそうな
時は中国語で応答するが，手に負えないとみるや，素早く日
本語に切り換えて恥じるふうがない。

気になる日本語9

第10話

消えた成語 “又红又专” “一专多能”

――― 成語・ことわざ雑記 ―――

“又红又专” 1957 年に毛沢東が

　“有的放矢” という成語は毛沢東が使ったところから（すでに見たとおり毛沢東が初めて使ったというわけではないが），文化大革命中に盛んに使われ，今日においても文革中ほどではないが，なお生命を保っている。

　一方，文革中に使われ，今日においてはもはや使われなくなった成語もしくは成語もどきのことばも数多くあるが，その一つは“又红又专”である。

　この語は 1957 年 10 月に毛沢東が党中央委員会総会で行なった《做革命的促进派》（革命の促進派になろう）と題する講話の中に出てくる。

業務に精通するだけではいけない

　　　我们各行各业的干部都要努力精通技术和业务，使自己成为内行，又红又专。（われわれの各業種の幹部は，みな技術と業務に精通して，それぞれの道の玄人となり，「紅」でもあり「専」でもあるようにつとめなくてはならない。）

　ここにいう「紅」は言うまでもなく思想面でプロレタリア階級としての政治的自覚に優れていることを指しているが，同時に，幹部たる者は業務の面でも「専」，すなわち優れた専門技術を併せ持たなければならないと説いているのである。

　「紅」の中身まで同調できるかどうかはともかく，いかに専

36

門技術に優れていても思想面での自覚を欠いていては困るという主張は，十分にうなずくことができる。

《現汉》収録は 1978 年 12 月第 1 版のみ

1950 年代生まれの "又红又专" は 60 年代に入って，とりわけ 66 年以降の文化大革命中に頻繁に使われた。《现代汉语词典》も 78 年 12 月刊の修訂第 2 版においてこの語を収録している。（ちなみに《现代汉语词典》は 60 年と 65 年に試用本が出ているが，現在はこの修訂第 2 版を第 1 版と位置づけ，最新の 2012 年 6 月刊の第 6 版に至っている。以下はこの数え方に従う。補：2016 年 9 月に第 7 版が刊行された。）

ただし，文革に対するアレルギーが激しかったのであろうか，この語は短命に終わったと見え，手元の 96 年 7 月刊の修訂本（第 3 版）には収められていない。未確認であるが，83 年 1 月刊の第 2 版においてもすでに削除されているに違いない。文革のさなかに中国語を勉強したわたくしなどは，「いいことばだったのに」という気がしなくもない。

「専門ばか」であってはいけない

"又红又专" と並んで文革中に盛んに使われた成語に "一专多能" がある。一つの専門に通じているほか，他分野の事情にも明るいこと，いわゆる「専門ばか」でないことをいう。そのような人を "多面手" と称した。

例えば中国文学研究者の中に，私は詩が専門で小説のことはわかりませんとか，詩は詩でも唐詩が専門で『詩経』のことはどうもとか，同じ唐詩でも杜甫が専門で李白は……，近頃，い

やかなり前からかな，こういう人がふえているように思う。こういう研究態度は"一专多能"ではないし，こういう研究者は"多面手"ではない。もっとも日本の学界では，学界に限らず他の世界においても，"一专多能"や"多面手"は「何でも屋」ということで，侮蔑されかねないようであるが……。

孫はいないが，孫娘なら……

　上の問いかけに対しては，与し易しとみて，ちょっといたずらをしてやろうと，"我没有孙子"と答えたうえで，暫く相手の反応を待った。案の定，「それはお寂しいですね」ときたので，"但是我有一个孙女"と付け加えると，こんどは「それはよかったですね」と祝福してくれた。

　"我没有孙子，只有一个孙女。"孫はいません，孫娘が１人いるきりです。男女をはっきり区別していう中国語としてはおかしくないが，日本語としてはかなり違和感を覚えるが，どうだろうか。

　わたくしには息子と娘が１人ずついるが，上の"孙女"は言うまでもなく息子夫婦の間に生まれた女児である。これがもし娘夫婦の間の子であったなら，残念ながら娘は未婚ですが，"外孙""外孙女"ということになるから厄介だ。

気になる日本語 10

第11話

"矢在弦上，不可不发"

―――――――――― 成語・ことわざ雑記 ―

矢弦上にあり，発せざるべからず

　先に日本語の「矢」は中国語ではもっぱら"箭"で，"有的
放矢""无的放矢"のほかに"矢"の字を含む四字成語として
思い浮かぶのは，せいぜい"众矢之的"くらいであると記した。

　もう一つ，こちらも今は"箭在弦上"に取って代わられてし
まったが，かつて"矢在弦上"というのがあったのを思い出し
た。この語は後ろに"不可不发"と続き，物事は一旦着手した
以上途中でやめるわけにはいかないという意味で，日本語でも
そのまま「矢弦上に在り，発せざるべからず」と訓読して
使っている。

もとは陳琳の弁明のことば

　"矢在弦上，不可不发"は建安七子（後漢末の建安年間，曹操父
子を中心とする文学集団に属した七人の詩文家）の一人陳琳が使っ
たことばとして『文選』の注釈に出ている。

　陳琳は初め袁紹に仕え，袁が曹操討伐の軍を起こす際に主
君の為に檄文を書いて曹操を激しく誹謗した。のち，袁が敗れ，
捕虜となった陳琳は曹操の前に引き出された。この時の二人の
やりとりは『三国演義』によると，次のごとくである。

　　操谓之曰："汝前为本初作檄，但罪状孤，可也；何乃辱及
　　祖、父耶？"琳答曰："箭在弦上，不得不发耳。"左右劝操
　　杀之；操怜其才，乃赦之，命为从事。

39

弓弦につがえられた矢は……

　上に引いた曹操と陳琳のやりとりは，『三国演義』第32回の
おしまい近くに見える。岩波文庫版小川環樹訳は，次のとおり
である。

　　曹操はかれに『そちが先年本初〔袁紹のあざな〕どののた
　　めに檄文を書いたとき，わしの罪を数え立てたのは，まあ
　　よいとして，何としてわしの祖父にまで恥をあたえたの
　　じゃ』と云えば，陳琳は『弓弦につがえられた矢は，射出
　　される外はなかったのでござる』と答えた。左右のもの
　　は，殺すようすゝめたが，曹操はかれの才能をおしんで赦
　　免し，従事〔属官〕としてつかうことにした。

　お気づきかと思うが，「弓弦につがえられた矢は，……」の原
文は"箭在弦上，……"であって，先に引いた"矢在弦上，
……"とは異なる。"……"の部分も異なるが，こちらは暫くお
く。

数少ない例外のつもりが

　実は，"箭"ではなく"矢"が使われている数少ない例の一
つとして"矢在弦上"があったことを思い出して，後戻りして
この語を取り上げたのであるが，てっきりこの語が使われてい
るつもりで『三国演義』の原文に当たってみたところ，そこで
はすでに"箭在弦上"に変わっていた。

　というわけで，数少ない例外を見つけ出したつもりが，結果
的には，日本語とは違って中国語では"矢"よりも"箭"のほ
うが遥かに優勢であるということの証明を補強するだけのこと
になってしまった。ショウバイ柄，いやショウバイを始める前

から『三国演義』は原本も訳本も何度となく読んでいるはずなのですが，人の（なんて一般化するのはよくないかな？　少なくともわたくしの）記憶力なんて当てにならないものですね。

「孫娘」の反対語は？

　日本語の「孫」は息子の子であるか娘の子であるかを問わずに指すのが普通であるから，「子の子」ということになる。もし男女を区別したければ，女の方に限って「孫娘」ということになる。「孫息子」を収める辞書もあるが，わたくしは聞いたことがない。

　息子の子と娘の子を区別する言い方も有るにはある。「内孫」と「外孫」である。「うちまご」と「そとまご」。音読して「ないそん」「がいそん」ということになるが，耳にすることは少ない。

　「内孫」を手元の辞書で調べると，例えば『岩波国語辞典』第七版には「自分のあととりから生まれた子供。⇔　外孫」とあり，「祖父母の側から言う」と注記されている。

　これがよくわからない。

気になる日本語 11

```
┌─ 第12話 ─────────────────────────
│
│        "祖父"？　それとも"祖、父"？
│
└──────────────────────────────────
                        ── 成語・ことわざ雑記 ─
```

二様の解釈が可能であるが

先に引いた曹操が陳琳を難詰した時のことば"汝前為本初作檄，但罪状孤，可也；何乃辱及祖、父耶？"を岩波文庫版小川環樹（ホンショ）訳に従って「そちが先年本初〔袁紹のあざな〕どののために檄文（げきぶん）を書いたとき，わしの罪を数え立てたのは，まあよいとして，何としてわしの祖父にまで恥をあたえたのじゃ」としたが，写しながらちょっとひっかかった箇所がある。原文の"祖、父"を訳文は「祖父」としているが，ここは「祖」すなわち祖父と「父」と解すべきではないか。

わたくしが引いた原文は 1973 年人民文学出版社刊のもので，この本は毛本と呼ばれる清代以降最も流行している系統のテキストに拠っている。もっとも，元のテキストには，五四以前の中国書籍の常として，当然ながら句読点は打たれていないはずである。

句読点は解釈の一種

したがって，元のテキストの"祖父"に並列を示す句読点（、）を加えて"祖、父"としたのは人民文学出版社版の編者の一種の解釈である。

岩波文庫本の訳者も毛本に拠っておられるようであるが，わたくしのように人様に句読を切ってもらったものではなく，もっと由緒の正しい無標点本であるに違いない。

という次第で，無標点の原本に従って，"祖父"をそのまま一語として読むか標点本の句読に従って"祖"と"父"の二語に読むかは，読み手の判断に委ねられることになる。

　では，"祖父"と"祖、父"のどちらに解するのが正しいか。

文脈からは"祖"と"父"の二語

　文脈から切り離して考えるならば，"祖父"は「祖父」の一語とも「祖」すなわち祖父と「父」すなわち父の二語とも解することができる。現代の中国語では"祖"の一字で祖父を指すことは少ないが，古くは"祖"の一字で「父の父」，さらには広く祖先を指すことは珍しくなかったからである。

　問題は文脈である。陳琳が袁紹のために書いた檄文は「袁紹がために豫州に檄す」と題して『文選』の巻44に収められている。「豫州」とは劉豫州すなわち劉備のことで，徳を失った曹操に付くのをやめて袁紹に味方せよと，劉備に説いたものであり，古来名文とされている。

　この檄文を見る限り，「祖父中常侍騰は……，父嵩は……」と曹操の祖父と父の両方の罪状を並べ立てていて，問題の"祖父"は"祖"と"父"と解すべきもののごとくである。

汚いことばのオンパレード

　陳琳がどのように曹操並びにその「祖」と「父」を弾劾したかというと，祖父については「中常侍騰は……」とあるように，まず宦官であったことを暴き（中常侍は禁中にあって帝の左右に侍する職で宦官が就いた），その騰が同僚の左悺・徐璜とともに妖孽をなしたとなじり，父・嵩については贓（賄賂）に因り

43

て位を手に入れたと言い，曹操本人については「贅閹遺醜にして本より懿徳なし」と決めつける。

「贅閹遺醜」はわかりにくいことばであるが，「腐れ宦官の出来損ないの孫」くらいの意であろうか。祖父・騰は宦官であったが，夏侯家から嵩を養子に迎えている。弾劾の言は以上に尽きず，ほとんど知っている限りの汚いことばを駆使して三人をののしっている。

次男の息子は内孫？　外孫？

　息子が何人かいてそのうちの1人が家の跡を継ぐとして，その息子の子が「内孫」であることはわかるが，他の息子の子はどうなるのか。娘が婿を迎えて跡を継いだ場合，その子は内孫？　外孫？　ここのところがよくわからない。

　「外孫」を同じく『岩波国語辞典』で引くと，「嫁にやった娘の子である孫。⇔ 内孫」とあり，「祖父母の側から言う。家族制度のもとでは自分の家に属さない」と注記されている。

　跡を継ぐとか，家に属するとか属さないとかというのは旧民法での話であるから，そこで生まれた「内」とか「外」とかかの概念に，今日の一般的な使い方との間に食い違いが生じるのはやむを得ないことかもしれない。だとすれば，息子の子が「内孫」，娘の子が「外孫」ということか。

気になる日本語 12

第13話

曹操の頭痛を癒やした檄文

――――――――――――― 成語・ことわざ雑記 ―

"不覚头风顿愈"

陳琳が書き上げた檄文を見た袁紹は大いに喜び，早速，これを方々に送り，またあちこちの渡し場や関所などに張り出させた。

檄文はやがて曹操のところまで回ってきた。その時の様子が，『三国演義』第22回にこう書かれている。

原文で見てみましょう。

檄文传至许都，时曹操方患头风，卧病在床。左右将此檄传进，操见之，毛骨悚然，出了一身冷汗，不觉头风顿愈，从床上一跃而起，顾谓曹洪曰："此檄何人所作？"

"毛骨悚然"

檄文はやがて許都（キョト）までまわって来たが，曹操（ソウ・ソウ）はちょうど頭痛をやんで寝ているところであった。近習のものが檄文をもって来たので，曹操はそれを取って見たが，よみおわると，覚えずぞっとして，体じゅう冷汗を流し，知らぬまに頭痛がなおっていた。そこで寝床から飛びおきると，曹洪（ソウ・コウ）（曹操の従弟）の方へふり向いて「この檄文は誰の作じゃ」と問うた。（小川環樹訳『三国志』，岩波文庫）

中国医学で頭痛のことを"头风"と称しているようです。曹操は頭痛持ちであったのでしょうか。

"毛骨悚然"は恐ろしくて身の毛がよだち背筋がぞっとする

45

という意味です。檄文の激しさに覚えずぞっとして，冷汗をかいたとたんに頭痛が癒えてしまったというのです。

一命をなげうつ時

　頭痛も忘れてしまうほどに曹操を驚かせた陳琳の檄文ですが，その結び近くに忠臣の決起を促して次のように述べています。

　　又操持部曲精兵七百，囲守宮闕，外托宿卫，内実拘執。惧其簒逆之萌，因斯而作。此乃忠臣肝脳涂地之秋，烈士立功之会，可不勗哉。（今，曹操は配下の精兵700人を擁して宮門を包囲し，表向きは警備に見せかけて，実際は天子を拘束しているのである。彼の簒奪のきざしが，ここから生じるのではないかと恐れる。今こそ，忠臣が一命をなげうつ時であり，烈士が手柄をうちたてる機会なのである。勉めないでいられようか。）

肝脳地に塗る

　上に「一命をなげうつ時」とした原文は「肝脳塗地之秋」。「肝脳塗地」は日本語でもそのまま「肝脳地に塗る」と訓読して使われています。ただし，上での使い方と意味に微妙なズレがあるようです。手元の国語辞典にはこうあります。

　　肝も脳も土まみれになる意で，むごたらしい死に方をすること。また，困窮の極みに陥ること。

（岩波『広辞苑』第六版）

　　肝臓や脳が泥にまみれる意で，むごたらしく殺されること。また，絶体絶命の窮地に陥ったたとえ。肝胆地に塗る。

（三省堂『大辞林』第三版）

（頭を砕かれ，腹を斬られて，脳髄，肝臓が土まみれになるの意）むごたらしい殺し方をされるさま，また無残な死に方をするさまにたとえる。

（小学館『日本国語大辞典』精選版）

どっちのおじいちゃん？

教職にあった頃の話。ふだんめったに休まない学生が休んだ。「先週どうしたの？」「祖父が亡くなりまして。」「それは寂しいことだね。どっちのおじいちゃん？」「母方の祖父です。」——何度かこんな問答を交わしたことがある。

これが中国語だと，「おじいちゃん」は初めから父方と母方で区別されているから，いちいち「どっち」のかを聞く必要がない。

言うまでもなく，父方が"祖父"で母方が"外祖父"。話しことばとしては"爷爷"と"姥爷"である。"姥爷"はまた"外公"ともいう。

気になる日本語 **13**

```
┌─ 第14話 ─────────────────────────
│        "肝脳涂地" と 「肝脳地に塗る」
│                         ──── 成語・ことわざ雑記 ──
└────────────────────────────────
```

『大漢和辞典』も国語辞典と同じだが

　前回のおしまいに引いた手元の三種の国語辞典の「肝脳地に
塗る」の解説にわたくしも異存はないのですが，ただ仮に「一
命をなげうつ時」と訳した陳琳の檄文中の「肝脳塗地之秋」と
は，微妙に，というよりはかなりのズレがあるのが気になりま
す。

　では中国古典を主たる対象としている『大漢和辞典』はどう
でしょうか。同辞典の「肝脳塗地」の項には，「肝臓や脳が泥に
まみれる」として，「肝胆塗地に同じ」とあるだけで，国語辞典
の解釈と大きな違いはありません。

　念のために「肝胆塗地」の項も見てみましたが，こちらも
「肝臓や胆嚢が泥にまみれる」の後に「戦場などで惨殺された
時のさまをいふ」とあるだけで，やはり国語辞典の範囲を出て
いません。

『史記』劉敬伝は「むごたらしい死に方」

　『大漢和辞典』の「肝脳塗地」の項には，先の語釈の後に
『史記』の劉敬伝と『漢書』の蘇武伝とを出典として挙げてい
ます。

　「劉敬伝」の方はこうです。

　　大戰七十，小戰四十，使天下之民肝腦塗地，父子暴骨中野
　　不可勝數。

漢の高祖劉邦の五年，隴西へ赴任の途中，洛陽を通りがかった劉敬が，当時ここに都を置いていた劉邦に関中（秦の故地）への都の移転を進言して，大戦70回，小戦40回，天下の民の肝脳を地にまみれさせ，父子の骨を数え切れないほど野にさらさせておきながら，周の故地に身を置いて……，と諫めています。ここでの「肝脳塗地」の使い方は語釈のとおりです。

『漢書』蘇武伝は「一命をなげうつ」

　では，もう一つの「蘇武伝」の方はどうでしょうか。

　　武曰，武父子亡功德，皆爲陛下所成就，位列將，爵通侯，
　　兄弟親近，常願肝腦塗地。

　匈奴に降って重用されている李陵が単于（匈奴の王）の意を受けて，早くから捕虜として胡地に引き留められている蘇武に，いつまでも意地を張っていないで自分と同じように匈奴に降ってはどうかと説得に赴いた際に，漢節を持して譲ろうとしない武が発したことばである。父子ともになんらの功績も人徳もないのに陛下に取り立てていただき，一族の者はみな漢室のために一命をなげうつことを願っている，というのである。

《現代汉语词典》は「一命をなげうつ」

　故地にあって苦節19年，なお，漢室への忠義立てを持する蘇武であるが，その実，彼の兄も弟もわずかな職務上の失態から共に責を負うて死に追いやられているのである。このあたりの事情は『漢書』に詳しいが，『漢書』を読んでいなくても，中島敦の『李陵』でご存じの方も多いはずである。

　李陵，蘇武の話はさておいて，『大漢和』がその用例に「一命

をなげうつ」意の「肝脳塗地」を拾っておきながら語釈で触れ落としているのは，日本語での使い方が先入観としてあったからか。

　ちなみに《現代汉语词典》第6版の"肝脑涂地"の項には，"原指在战乱中惨死，后指牺牲生命"（もとは戦乱の中でむごたらしい死に方をすること，後には生命を犠牲にすること）とある。確かに現代の文学作品などで出会う用例はすべてこの説明の範囲内，すなわち「一命をなげうつ」である。

母方の祖父母は「外」の人

　なぜこんなややこしいことになるのか。

　母方の祖父を"外祖父"と称し，呉方言地区をはじめ広東，福建ほか多くの地方の話しことばで，これを"外公"と呼んでいるところから判るように母方の祖父は家族制度の外の人なのである。孫から見ればよその家族から入ってきて自分を生んでくれた人，すなわち母親のお父さんであるに過ぎない存在なのである。

　同じことは母方の祖母が"外祖父"に対して"外祖母"と称され，"奶奶"に対する"姥姥"のほかに，"外公"に対する"外婆"という呼称をもつことからも言える。

　母方の祖父母から見れば，娘の生んだ子はあくまでも「外」の孫であり，孫娘なのである。

気になる日本語14

50

第15話

"桃李不言，下自成蹊"

―――――――――― 成語・ことわざ雑記 ―

よくわからなかった『山月記』

「肝脳塗地」(肝脳地に塗る)を「一命をなげうつ」の意味で使っている例として『漢書』蘇武伝を引いたついでに中島敦の『李陵』に触れたら，また読み返してみたくなった。

中島敦はわたくしの好きな作家の一人である。たいていの中島ファンがそうであるように，高校生の頃，わたくしも『山月記』から入った。例の，唐代の伝奇『人虎伝』に取材した，臆病な自尊心を飼いふとらせた結果，己の外形をその内心にふさわしい姿，すなわち虎に変えてしまったとする詩人の告白を描いた，わかったようなわからないような短篇である。たいていの国語教科書に入っていたようであるが，今はどうなのだろうか。

『山月記』から『李陵』へ

『山月記』はその「わかったようなわからないようなところ」と，「隴西の李徴は博学才穎，天宝の末年，若くして名を虎榜に連ね，……」で始まる歯切れのいい独特の文体にひかれて，全文を暗唱できるほどに繰り返し読んだ。

続いていくつか読んだ作品のなかでは，「漢の武帝の天漢二年秋九月，騎都尉・李陵は歩卒五千を率い，辺塞遮慮鄣を発して北へ向かった」に始まる『李陵』が，とりわけ印象深かった。

51

『李陵』は『漢書』の蘇武伝に取材していると聞いて，昼間勤めていた学校の漢文の先生に貸していただいて読んだ。半分もわからなかったが，句読点も返り点もない白文に挑戦するのは楽しかった。岩波新書の吉川幸次郎『漢の武帝』を読んだのも，この頃だった。

悲劇の将軍・李広

えーっと，何を書こうとしていたのかな？　タイトルは「成語・ことわざ雑記」でしたよね。もうちょっと待ってくださいね。

李陵の祖父が匈奴と七十余戦を交えたという名将李広（りこう）であると知り，こちらもわからないままに『史記』の李将軍列伝に挑戦した。

李広はある事で罪を得て，「刀筆の俗吏」の取り調べを受けるのを拒んで，自ら首を刎ねて果てる。この日，天下の人は，知るも知らぬも，ことごとく彼の死を悼（いた）んだという。ことわざに「桃李不言，下自成蹊」（桃李言（ものい）わざれども，下自（したおの）ずから蹊（けい）を成す）というが，これはまさに李将軍のような人のことを言ったものである，と司馬遷は評している。

言わざれども？　言わざれば？

ようやくことわざが出てきましたね。上の「桃李不言，下自成蹊」，（　）内に記したように，「桃李言わざれども，下自ずから蹊を成す」と訓（よ）んでいる。桃や李（すもも）は何も言わないけれど，美しい花や実があるから人が集まり，自然に下には道ができるという意味で，徳のある人のもとには黙っていても自然にその徳

を慕って人が集まってくるものであるということのたとえくらいに解されている。

　そのように解することに，わたくしも異存はない。けれども，「桃李不言，下自成蹊」は，そのまま訓読すれば，あくまでも「桃李言わず，下自ずから蹊を成す」であって，これを「桃李言わざれども」と逆接に訓むのは一種の解釈である。文法的には「言わずんば」と仮定に解することも，「言わざれば」と理由に解することも可能なのである。

"伯母""叔母"は父の姉妹に非ず

　同じようなややこしさは父の兄弟姉妹，母の兄弟姉妹である「おじさん」「おばさん」にも付いて回る。

　まず父方のおじが父よりも年上であるか年下であるかによって，言い換えれば父の兄に当たるか弟に当たるかによって"伯父"と"叔父"に分けられる。これは日本語においても同様である。と言っても，もともとは日本語の方は中国語に倣っただけのことであるが。

　では，父の兄が"伯父"で弟が"叔父"なら，父の姉は"伯母"で妹は"叔母"かというと，そうではないから，やっかいだ。なるほど"伯母""叔母"という語は存在する。だが，"伯母"が指すのは"伯父"の妻に限られ，"叔母"が指すのは"叔父"の妻に限られる。

気になる日本語 15

```
第16話
```

「桃李言わざれば」と訓んだ人がいる

―――――――――――――――――― 成語・ことわざ雑記 ―

芥川龍之介『侏儒の言葉』

「桃李不言，下自成蹊」を「桃李言わざれば，……」と訓んだ
人が，実際にいる。

> 「桃李言わざれども，下自ずから蹊を成す」とは確かに知
> 者の言である。尤も「桃李言わざれども」ではない。実は
> 「桃李言わざれば」である。

　誰？　おまえのクラスの劣等生に決まってる？　誰あろう，
ここはあの芥川龍之介である。「何も言わないからこそ」とひ
ねってみせたのである。『侏儒の言葉』に収められている。

　『侏儒の言葉』は菊池寛が創刊した『文藝春秋』の 1923 年 1
月号（創刊号）から 1925 年 11 月号までに断続的に掲載された
もので，のちに単行本にまとめられた。アフォリズムというの
でしょうか，一種の箴言集です。

ビアスの『悪魔の辞典』みたいな本

　「アフォリズム」だの「箴言集」だのと言われてもピンとき
ませんか。ビアスの『悪魔の辞典』みたいな本ですと言えば，
ますますわからなくなるかな？

　実例を示しましょう。上の「桃李」の近くにあるものです。

> 女は常に好人物を夫に持ちたがるものではない。しかし男
> は好人物を常に友だちに持ちたがるものである。（好人物）
> 「その罪を憎んでその人を憎まず」とは必ずしも行ふに難

いことではない。大抵の子は大抵の親にちゃんとこの格言
を実行している。（罪）

メイピァオマイピァオ（没票买票）

　ついこの間のように思いますが，指折り数えてみますとかれ
これ35，6年前，2年間北京で暮らしていました。中国製の車
輪の大きい（車高の高い？）自転車は苦手ですので，たまにタク
シーを使うほかは，足はもっぱら“公共汽车”，つまりバスでし
た。

　「満員のバスはリス（スリの間違いでした）が出ますから用心
して」という現地の日本語の先生の忠告に緊張して乗った最初
のバスで驚かされたのは，早口の車掌さんの“メイピァオマイ
ピァオ”ということばでした。今はたいてい運転手だけのワン
マンバスで，降りる時に黙って1元または2元放り込めばすむ
のですが，当時は初乗りが5分で，走行した距離によって，4
つか5つの停留所ごとに5分ずつ上がっていく仕組みでした。

これこそ中国語

　というわけで，乗ったらすぐに“メイピァオマイピァオ”嬢
（おばさんの時もありますが）に行先を告げて5分なり1毛なり
の切符を買うのですが，繰り返し発せられる早口の“メイピァ
オマイピァオ”が“没票买票”であるとわかるまでには，だい
ぶ時間がかかりました。

　“没票”は「切符が無い」，“买票”は「切符を買う」。つまり
「乗車券をお持ちでない方はお求めください」を極端に切り詰
めたことばが“没票买票”なんですね。

55

「また話がわき道にそれましたね」ですか？　今回はそれていません。「桃李不言」と「下自成蹊」の関係が芥川に警句を吐かせる余地を残しているのも，「乗車券をお持ちでない方は……」が"没票买票"というたった4文字で表現できるのも，中国語の本質から来ていることを言いたかったのです。

"伯父"と"叔父"を区別するわけ

　では父の姉妹に当たるおばは何というか。姉であるか妹であるかを問わず一律に"姑母"（gūmǔ）である。

　「区別しなくてもいいの？」区別する必要がないのである。どうして？　このおばたちはいずれは結婚して他家の人となるはずであるからである。父系の大家族制度の下においては，父の兄弟であるおじさんが兄であるか弟であるかは，父の子にとっては大きな意味を有する。なぜなら家督相続の優先順位が伯父は父よりも先，叔父は父よりも後であるからである。

　言い換えれば，「私」にとって祖父亡き後一家の長として家族の支配権を有することになる「伯父」は一目も二目も置かなければならない怖い存在なのである。一方の「叔父」は家督権の継承順位が父よりも低いので怖がる必要はない。というわけで「伯」と「叔」との区別が生じたのである。

気になる日本語16

第 17 話
まるで庭石のような言語

——————— 成語・ことわざ雑記 —

"不見不散！"

　日本のテレビはたまにニュース番組を見るくらいで，それも
家人がかけているのをのぞく程度で，自分でチャンネルを選ぶ
ことはまずないが，中国のテレビだけは CCTV 大富チャンネ
ルというのを契約していて，いくつかの番組を視聴している。

　ことばの勉強を「発信型」と「受容型」に分けるとしたら，
わたくしは受容一辺倒で話したり書いたりの発信にはあまり熱
心ではありません。受容の方ももっぱら読むだけですが，それ
でもせめて「耳」ぐらいはと，書斎の片隅にテレビを置いてい
ます。

　例によって以上が前置きで，そのテレビを見ていると，よく
ドラマなどで友達や恋人どうしが電話で会う約束をする時，最
後に"不見不散！"と言って電話を切っています。

「会わない」＋「離れない」⇒ 会うまで待つ

　この"不見不散"は「会えるまでその場を離れない」，つま
り「会うまで待つことにしましょう」という意味で使われてい
ることは間違いないが，ことばそのものはただ"不見"（会わな
い）と"不散"（その場を離れない）が並んでいるだけで，両語の
間に条件関係を認める指標があるわけではない。にもかかわら
ず「…しなければ…しない」という意味で通用するのは，コ
ミュニケーションの場に支えられているからである。この点は

57

先の「桃李不言，下自成蹊」や"没票买票"の場合と変わりがない。

　やや飛躍するが，上に挙げた例に見られるように，ただ語句を並列するだけで，語句と語句の間の結びつきを明示する文法的指標を欠くというのが，中国語の大きな特徴であると言えなくもない。

"不破不立"

　入門の手ほどきを受けた倉石武四郎博士は，上のような特徴をしばしば日本庭園の庭石にたとえられた。庭園にはただ石が飛び飛びに置かれているだけで，その石をどう連続させるかは鑑賞者の眼に委ねられるというのである。

　"不見不散"と同じように"不…不…"で「…しなければ…しない」という意味になる成語に"不破不立"がある。「ある」というよりも「あった」というべきか。「文革」中にしきりに使われたが，今は耳にすることも目にすることも，めったにない。「破らなければ立たない」，「破壊なくして建設なし」，「古いものを捨てなければ新しいものは生まれない」。

"不破不立，不塞不流，不止不行"

　"不破不立"は毛沢東が『新民主主義論』(1940年1月) の中で使っている。

　　不把这种东西打倒，什么新文化都是建立不起来的。不破不立，不塞不流，不止不行，它们之间的斗争是生死斗争。(こういうものをうちたおさなければ，どんな新文化もうちたてられない。破らなければ立たず，塞きとめなければ流れず，止めなけ

れば進まない。〔新と旧〕両者の闘争は生死をかけた闘争である。〕

　三つ並んでいる"不…不…"のうち，"不破不立"に続く後ろの二つ"不塞不流"と"不止不行"は唐宋八大家の一人である唐の韓愈が「道」を論じた「原道」という文章に出てくる。「片方を塞がないと，もう一方は流れない」，「片方を止めないと，もう一方は進めない」。

叔叔、阿姨你们好！

　一昔前，中国旅行がまだ先方が用意したスケジュールに従って集団で見学して回るというのが常態であった頃，工場や人民公社と並んで必ず組み込まれるのが，幼稚園の見学であった。

　「接待組」といったところであろうか，特別に選抜されたに違いない着飾って頬に紅までさした愛敬たっぷりの園児たちが待ち受けていて，"叔叔、阿姨你们好！"と訪問者を出迎えてくれたものである。

　言うまでもなく，ここでの"叔叔"は，父方の年下の「おじさん」ではなく，訪問者の男性を親しみを込めてそう呼んだまでである。"叔叔"ではなく"伯伯"であってもよいのであるが，なぜか"叔叔"が選ばれることが多かった。

気になる日本語 17

```
┌─ 第18話 ─
│        「…しなければ…しない」
│
└─────────────────────────────
                        ─ 成語・ことわざ雑記 ─
```

"不…不…", "非…勿…"

毛沢東の "不破不立" にしても, 韓愈の "不塞不流" "不止不行" にしても, "不…不…" の形で, 意味が互いに対をなす語を…の部分に用い, 「…しなければ…しない」, 「…でないなら…でない」の意を表しているが, そのような仮定と帰結の関係を示す指標は, いずれも有していない。

同様の使い方は, 古くから存在する。例えば『論語』述而篇に見える孔子のことば, "不憤不啓"（憤せずんば啓せず）, "不悱不発"（悱せずんば発せず）などは, その典型的なものであろう。

同じく『論語』の顔淵篇に見える孔子のことば, "非礼勿視, 非礼勿听, 非礼勿言, 非礼勿动"（礼に非ざれば視ること勿れ, 礼に非ざれば聴くこと勿れ, 礼に非ざれば言うこと勿れ, 礼に非ざれば動くこと勿れ）の中の "非…勿…"（…に非ざれば…すること勿れ）も, 同種の用法と見なすことができる。先頃大人気を博し中国人の北海道観光ブームに火をつけた映画《非诚勿扰》の題名も, この句型である。「冷やかし半分はお断り」といったところか。

"父母在, 不远游"

子曰 :"父母在, 不远游, 游必有方。"（子曰く, 父母在せば, 遠く遊ばず。遊ぶに必ず方あり。）

『論語』里仁篇に見える孔子のことばである。年老いた父母

を家に置いたままヨーロッパ旅行をしたりしない。近くに出か
けるにしても，きちんと行き先を知らせておく。――といった
ところであろうが，ここでの"父母在"と"不远游"とのあい
だにも，仮設とその帰結とを示す指標は明示されていない。

　同じ里仁篇に見える有名な"朝闻道，夕死可矣"（朝に道を聞
かば，夕^{ゆうべ}に死すとも可なり）にしても，明確な指標のないまま，
仮設とその帰結の関係を示している。

"旧的不去，新的不来"

　『論語』を離れても，指標なしに仮設とその帰結の関係を示
している例は，数多く見られる。

　○ "旧的不去，新的不来" jiù de bù qù, xīn de bù lái　古いもの
があっては，新しいものは現れない。古いものを壊さなければ
新しいものは生まれない。大切にしていたコップを割ってし
まった時，ケイタイを買い換えたい時，……使い途は広そうで
すね。恋人を捨てる時？　捨てられた時の慰め用に残しておか
れては？　定年間近の上役のそばで使ってはいけません。

　○ "不经一事，不长一智" bù jīng yī shì, bù zhǎng yī zhì　一つの
事を経験しなければ，一つの知恵が増えない。一つ経験すれば，
その分だけ利口になる。経験は知恵の父。

"不打不成相识"

　○ "不打不成相识" bù dǎ bù chéng xiāngshí　けんかをしなけれ
ば仲良しになれない。雨降って地固まる。記憶違いでなければ，
日中国交回復交渉時に周総理との会談が終わった後の田中首相
に毛主席が最初にかけたことばは，「けんかはすみましたか」

61

であった。

○ "不见棺材不落泪" bù jiàn guāncai bù luò lèi 棺桶を見るまで涙を流さない。とことんまで行かないと自らの非を認めない。落ちるところまで落ちないと失敗に気づかない。往生際が悪いことのたとえ。

○ "不见兔子不撒鹰" bù jiàn tùzi bù sā yīng 兎を見なければ鷹を放たない。目標を見定めなければ行動を起こさない。確実な見通しが立つまで手を出さない。見込みのないことは絶対にしない。類句に "不见真佛不烧香"（仏を見なければ焼香しない）。

"阿姨" は母の姉妹

"叔叔" が父と同世代で父よりも年下の男性に対する呼び方であるとして，では "阿姨" の方は？ "姨" というのは母方の「おば」の意で，これに親しみを表す "阿" という接頭辞を冠したものが "阿姨" である。他の親族呼称の多くが "爷爷" "奶奶" "伯伯" "姑姑" のように重ねて使われるのに対し，この "姨" は重ねて使うことはない。

"阿姨" が母方の「おばさん」であるとして，母の姉に当たるか妹に当たるかによる区別は無いのか。無いのである。理由はすでに見てきたとおりである。父系の大家族制度の下においては母方の親族はすべて「外」の人であり，母よりも年上であるか年下であるかはこの家族にとって特別な意味をもたないのである。

気になる日本語 18

第19話

"没票买票"が中国語の原型

―――――――― 成語・ことわざ雑記 ―

切符が無ければ？　切符が無いので？

　"没票买票"に戻る。"没票"（切符が無い）と"买票"（切符を
買う）の二語を並べただけの極端に切り詰められたことばが
「乗車券をお持ちでない方はお求めください」の意味として通
用するのは，バスの中で車掌が発したことばであるからであ
る。

　もし上のことばが乗客が車掌に向かって発したものであると
すれば，当然，「まだ乗車券を買っていませんので……」となる
はずである。一方が仮定"要是……"に，一方が理由"因为
……"に解されるのは，言うまでもなく，「話の場」に助けられ
ているからである。

　「場」が無ければ，"没票买票"は"没票"と"买票"という
二語が並んでいるだけで，文としては意味をなさない。これが
中国語である。

"因为下雨，所以我没有去"はちょっと……

　入門テキストの例文"昨天下雨，我没有去"が「きのうは雨
が降っていたので，わたしは出かけなかった」となるのも，
「場」に支えられてである。

　「場」を考慮すれば，上の文は他に解しようがない。したがっ
て，この場合，原因・理由を表す"昨天下雨"とその結果を表
す"我没有去"とを，わざわざ"因为"と"所以"を使って明

63

示する必要はまったくない。"因为昨天下雨，所以我没有去"，
"因为昨天下雨，我没有去"，"昨天下雨，所以我没有去"，いず
れも文法的には完全な表現で，試験の答案としては満点をもら
えるに違いないが，中国語としては，"昨天下雨，我没有去"ほ
ど自然ではない。

"下雨，我不去"は省略形か？

"昨天下雨，我没有去"は上に記した以外の「場」は想定し
にくいが，同じく雨の話であっても，"下雨，我不去"になる
と，ちょっと違ってくる。窓の外に雨が降っているのを眺めな
がら発したことばであれば，「雨が降っているので，わたしは出
かけません」であろうし，日が照っているのに発したことばで
あれば，「雨が降ったら出かけません」と未来のことを言って
いると判断される。

いずれにしても，"下雨，我不去"をいちいち"因为在下雨，
所以我……"とか"要是下雨的话，我就……"のように接続詞
を用いて表現する必要はない。

入門テキストでは"昨天下雨，我没有去"や"下雨，我不去"
のような文型を"因为…所以…"，"要是…就…"の省略形とし
て説明されることが多いが，再考の余地がありそうだ。

席正しからざれば，坐せず

再び『論語』に戻る。『論語』が特に好きなわけではない。中
国語の発想の原型のほとんどが，『論語』に出尽くしているか
ら重宝するのである。

○ "不在其位，不谋其政" bù zài qí wèi，bù móu qí zhèng その

位 に在らざれば，その 政 を謀らず。泰伯篇

　自己の職務権限外の事には口出ししないというのであろう。「在らざれば」は「在ないかぎり」とも「在ないので」とも解することができる。

　○ "席不正，不坐" xí bù zhèng, bù zuò 席正しからざれば，坐せず。郷党篇

　孔子はざぶとんの向きをきちんと整えてからでなければ（向きがきちんと整っていないので？）席に着かなかった。孔子の当時はまだ椅子ではなく，たたみふうのざぶとんを用いた。

"舅" "姑" はしゅうと，しゅうとめ？

　"阿姨" は母方の「おばさん」から転じて母と同世代の女性を親しみを込めて呼ぶのに使われるが，もう一つ，幼稚園の先生や保育園の保母さん，さらには家庭内のお手伝いさんを指して使われることがある。こちらも母親に準じて親しみを込めて呼ぶところからきたものに違いない。

　残る母方の「おじ」，つまり母の兄と弟に当たる「おじさん」はどうか。"舅父"（jiùfù）あるいは "舅舅"（jiùjiù）と称して，こちらも年上か年下かによる区別はない。

　「舅」の字，日本語では「しゅうと」と読んで夫の父を指すが，中国語では異なる。そう言えば，先の父方のおばさんを指す "姑" も，日本語では「しゅうとめ」すなわち夫の母を指し，こちらも中国語と日本語では異なる。

気になる日本語 19

> 第20話
> # 同じ「而」が順接にも逆接にも
> ─ 成語・ことわざ雑記 ─

『論語』学而第一

　　子曰，学而时习之，不亦说乎。有朋自远方来，不亦乐乎。

　　人不知而不愠，不亦君子乎。

　どなたもご存じの『論語』の第一篇第一章，すなわち書き出しの部分です。この第一篇を「学而」篇と称しているのは，この篇がこの語から始まるからです。もちろん他の多くの篇にも共通して見られる「子曰」を除いての話ですが。以下第二篇「為政」，第三篇「八佾」……，すべて同様です。

　日本語の漢文訓読式に読むと，読み方は時代によって，また学派や人によって多少は異なりますが，今日では，例えば岩波文庫本（金谷治訳注）では，次のとおりです。

　　子の日わく，学びて時にこれを習う，亦た説ばしからずや。朋あり，遠方より来たる，亦た楽しからずや。人知らずして慍みず，また君子ならずや。

一見やさしそうだが……

　「学びて」は何を学んで？　「時に」は時々？　しょっちゅう？　それとも適当な時期に？　「習う」は復習する？　実習する？　「朋」とは？　「君子」とは？　……　一見やさしそうに見えて実はいろいろ難しい問題を含んでいますが，そのことは暫くおきましょう。

　訓み方にしても，"有朋自远方来"を「朋あり遠方より来る」

66

でよいのかどうか，「朋の遠方より来るあり」と訓じる人も，「有朋遠方より来る」だと主張する人もいるようですが……。わたくしはいつか書いたように（『新版 中国語考えるヒント』白帝社，2002 年 10 月），この文は今日の中国語文法でいうところの兼語式，すなわち"朋"は"有"の目的語であると同時に"自远方来"の主語を兼ねていると理解するのがよいと考えていますが，そのことも暫くおくことにしましょう。

知ラズシテ？　知ラザレドモ？

　で，何を言いたいの？　と聞かれそうですね，あれも暫くおく，これも暫くおくでは。

　実は文中の二つの"而"が気にかかるのです。初めの"学而时习之"の"而"は「学んで，そして……」，或いは「そのうえで」，「そののちに」くらいに解して，つまり順接関係を示す接続詞と解してよさそうです。訓読法では「しかして」「しこうして」と訓んだり，ここでのように置き字と称して直前の語に「…テ」や「…シテ」を送るだけで済ませたりしています。

　"人不知而不愠"の方の"而"はどうでしょうか。「人知らずして愠みず」，やはり「…シテ」と訓んでいます。でも「順接」ではなさそうですね。他人が分かってくれなくても，腹を立てたり拗ねたりしないというのですから，むしろ「逆接」ではないでしょうか。

視レドモ見エズ，聴ケドモ聞コエズ

　漢文を習い始めた頃，ここは逆接ですから「人知らざれども愠みず」と訓んではいけませんかと質問したところ，確かにそ

67

のとおりだが，昔から「人知らずして……」で済ませているとの答えでした。その時抱いた「けったいな訓み方やなあ」という違和感は，以来払拭しきれずにいます。

もちろん，「しかるに」「しかれども」或いは「…ども」と「逆接」に訓むこともあります。

心不在焉，視而不見，听而不聞，食而不知其味。（心ここに在らざれば，視れども見えず，聴けども聞こえず，食らえどもその味を知らず。）

四書の一つ『大学』の一節です。解説する必要はないでしょう。

妻の両親もしゅうと，しゅうとめ？

念の為にと「舅」と「姑」を国語辞典で調べてみたら，「舅」は夫または妻の父，「姑」は夫または妻の母とあった。わたくしの理解では妻にとってはわたくしの両親はしゅうとでありしゅうとめであるが，わたくしにとっては妻の両親はしゅうとでもしゅうとめでもない。

ついでに記すと，「姑」の字をしゅうとめではなくしゅうとと読んで，やはり夫または妻の母を指すことがあるらしい。つまり，同じ「しゅうと」という語を「舅」と書くか「姑」と書くかによって，夫または妻の父であるか母であるかが区別されることになるが，こちらもわたくしの日常の使い分けとはズレがある。

気になる日本語20

|第21話|

接続詞に頼らなくても　（一）

― 成語・ことわざ雑記 ―

"南轅北轍"

　中国語を学び始めたら必ず出会う成語に"南轅北轍"（nán yuán běi zhé）というのがある。轅（ながえ）を南にし轍（わだち）を北にする。南に行くのに車を北に向けて走らせる，すなわち目的と行動が相反していることをいうのに使われる。

　『戦国策』という本の中の「魏策（ぎさく）」に見える寓話で，ある人が南の楚（そ）の国へ行こうとして北に向かっているので，「どうして北へ向かうのか」と聞いたところ，「私の馬は良い馬だから大丈夫だ」と言う。「いくら馬が良くても方向が違う」と言うと，旅費はたっぷりあるし，御者（ぎょしゃ）の腕も確かだから心配ないと答えたというのである。

"而"が無くても

　上の寓話は，魏の季梁（きりょう）が，国王が国の大きいのと，軍隊の精鋭であるのとをたのんで邯鄲（かんたん）を攻めようとするのを諫（いさ）めて，国王の行動は「あの楚に行こうとして北に行くようなものです」と説くのに用いたものである。

　ただし，『戦国策』の中では「猶至楚而北行也」（猶ほ楚に至らんとして北行するがごとし）とあるだけで，この寓話にもとづいて"南轅北轍"という成語に定着するのはのちのことである。

　"南轅"と"北轍"，両者の関係はただ並列されているのではなく，「轍を南に向けて」，逆に「車を北に走らせる」という逆

69

接の関係にある。"南轅北轍"はまた，"南其轅而北其轍"のように接続詞"而"を用い，展開して使われることもある。

"而"自体は中性

"南轅"と"北轍"を結ぶのに接続詞を使うこともあるし使わないこともあるということは，中国語の接続詞の役割をよく示している。すなわち，接続詞の接続作用は極めて希薄なのである。極端に言えば有っても無くてもよい存在なのである。"南轅北轍"について言うならば，"南轅"と"北轍"の両者の関係は，接続詞によってではなく，並列されている両者の内容が互いに対立するものであることによって決まるのである。

"而"について言うならば，この接続詞が時に順接に使われ，時に逆接に使われるというのは，この接続詞が相反する二つのはたらきをしているのではなく，実は接続する両者の関係を規定するうえでは何のはたらきもしていないのである。

南は……，北は……

「南」と「北」を対照的に用いた成語を思いつくままに拾ってみる。

○ "南腔北调" nán qiāng běi diào 南北各地の方言が入り混じったことば：なまりのひどいこと。

○ "南征北战" nán zhēng běi zhàn 南北各地に転戦する。

○ "南船北马" nán chuán běi mǎ 南船北馬；川の多い南方の交通手段は船，陸地続きの北方は馬。"南人驾船，北人乘马"（nánrén jià chuán, běirén chéng mǎ）とも。

○ "南人吃米，北人吃面" nánrén chī mǐ, běirén chī miàn 南方

の人は米を常食し，北方の人は麺を常食する。

　まだまだあるが，いずれも並列もしくは対比であって，"南轅北轍"のような逆接の用法は思いつかない。

舅と姑──前言取り下げの弁

　「わたくしの理解では妻にとってわたくしの両親はしゅうとでありしゅうとめであるが，わたくしにとっては妻の両親はしゅうとでもしゅうとめでもない」と書いたところ，読者のおひとりからやはり辞典にあるとおり，「舅」は夫または妻の父，「姑」は夫または妻の母でしょうという指摘をいただいた。ご自身がそう使っているとおっしゃるのである。

　たぶんそういうふうに使う方もいらっしゃるのでしょうね。いや，そういう使い方のほうが一般的なのかもしれません。だんだん弱気になってきました。「あくまでもわたくし個人の理解であるが」とでも訂正しておきましょうか。

気になる日本語 21

```
┌─────────────────────────────┐
│ 第 22 話                      │
│      接続詞に頼らなくても（二）  │
│                             │
└─────────────────────────────┘
                        ── 成語・ことわざ雑記 ──
```

"心有余而力不足""心有余力量不足"

　何事かを成し遂げたい意欲はあるが，とうてい力が及びそう
にないことを言いたい時，「意あれども力及ばず」とか「心余
りて力足らず」などという慣用表現を用いることがある。人か
ら求められた助力や無心をやんわりと断りたい場合にも使え
る。

　「心余りて力足らず」は，ここが出典かどうかは知らないが，
『紅楼夢』第78回で賈政が息子の宝玉の詩作を貶して"豈不心
有余而力不足些"（これでは心余りて力足らずといったところではな
いか）と言っている。"心有余而力不足"は同じ『紅楼夢』の第
25回に"心有余力量不足"の形でも出てくる。

茅盾も使っている

　"心有余而力不足"と"心有余力量不足"は意味に違いはな
いが，一方が"力"を，他方が"力量"を用いているほかに，
一方に接続詞"而"があるのに，もう一方がこの接続詞を欠い
ているという相違がある。この事実からも，接続詞の接続作用
が極めて希薄であるという，すでに見てきた中国語の特徴をよ
く読み取ることができる。

　"心有余而力不足"は上に引いたように『紅楼夢』に用例を
見，またたいていの成語や慣用句の辞典類がこれを用例として
掲げるが，『紅楼夢』が果たして初出かどうかはつまびらかで

72

ない。近代の作家茅盾もその代表作『子夜』でこの語を使っているが，茅盾は全文をそらんじているほどの『紅楼夢』愛読者であったというから，やはりここから仕入れたのであろうか。

"心余力绌""心长力短"

現代中国語でよく使われる成語に"心余力绌"(xīn yú lì chù)という語がある。《现代汉语词典》もこの語を収めているが，その語釈を見ると"心有余而力不足"をそのまま掲げている。"绌"は不足する意。"心有余而力不足"の短縮形が"心余力绌"であろうが（短縮に当たって"不足"が同義の"绌"に改められた），ここでも出来上がった"心余力绌"の"心余"と"力绌"とが接続詞"而"を欠いたまま結ばれて逆接関係にあるのが興味深い。

なお，"心余力绌"と同義の成語に"心长力短"(xīn cháng lì duǎn)があって，こちらは今日では"心余力绌"ほどには使われないようであるが，すでに明代あたりから使われていて，由緒はむしろ"心余力绌"よりも正しい。

"心长力短"→"心有余而力不足"→"心余力绌"

"心有余而力不足"が清の乾隆年間（1736-1795）に成った『紅楼夢』もしくはそのあたりが初出であるとすれば，明代にすでに用例を見る"心长力短"のほうがずっと早い。もう一つの同義語"心余力绌"は近代になってからのもののようであるから（巴金が使っている），粗雑ながら次のような仮説を立てたくなる。

初めに読書人，つまりインテリ層が使った"心长力短"が

あった。これを老百姓，すなわち一般大衆が"心有余而力不足"
という俗わかりのする語に展開した。さらに近代になって俗語
の"心有余而力不足"が，もう一度"心余力绌"に引き締めら
れた。——「仮説」にはほど遠いかな？　読書範囲の狭い老生
の「思いつき」です。

「ありがたきもの」舅にほめらるる婿

　自説，というほどのたいそうなものではないが，舅は夫の
父を指すというわたくしの理解に不利な材料であることを承
知のうえで，元国語教師は『枕草子』にこんな一節があった
のを思い出したので引いておく。
　　ありがたきもの，舅にほめらるる婿。また，姑に思は
　　るる嫁の君。毛のよく抜くるしろがねの毛抜。主そしら
　　ぬ従者。
　女の家に男が通ってくるのが通常の結婚形態であった平安
の昔（昔でなくても？），女親はともかくとして，かわいい娘
を横取りした婿をほめる男親など，確かに「ありがたきも
の」，めったにないものに違いない。

気になる日本語 22

74

第23話

接続詞に頼らなくても（三）

───────────── 成語・ことわざ雑記 ─

"視而不見"

前回掲げた"心长力短"（明代）→"心有余而力不足"（清代）→"心余力绌"（近代），すなわち読書人→ 老百姓 → 読書人の変遷，偉そうに「仮説」などとおおぶろしきを広げたが，ちょっと怪しいことが判明した。"心有余而力不足"の前に"意有余而力不足"があって，この語は朱熹の文集に出てくることを以前にも引いた劉潔修《汉语成语考释词典》に教えられたからである。朱熹は南宋の人であるから，"意有余……"は明代の"心长力短"よりも先ということになる。

朱熹の文集ならずっと昔，朱子学に興味を抱いていた頃，かなりていねいに目を通しているはずであるが，当時はことばの問題にそれほど関心がなかったせいか，読み過ごしていたようだ。"視而不見"（心ここにあらざれば，視れども見えず）といったところか。

"有心无力"

探し方がわるいのか，「心余りて……」も「意余りて……」も国語辞典には載っていないが，両方とも日本語でも使われているように思う。「意余りて」の方はわたくしも使った覚えがある。お役に立ちたいのはやまやまですが……。気の進まない頼まれ事をやんわりと断るのに便利ですよ。

これも"心有余而力不足"のバリエーションの一つかと思う

75

が，手元のメモに"有心无力"（yǒu xīn wú lì）というのがある。粗雑な走り書きで出どころはわからないが，かなり古いもののように記憶している。"心长力短"にしても，"心余力绌"にしても，或いはこの出所不明の"有心无力"にしても，互いに対照をなす二語を並列するだけで，接続詞の助けを借りることなしに逆接関係を示しているところに中国語の文法的特徴がよく表れていると思う。

"有…无…"

"有心无力"のように"有…无…"の形で逆接関係を示している成語は数多くある。

○ "有口无心" yǒu kǒu wú xīn　口ではずばずば言うが，腹は悪くない。

○ "有名无实" yǒu míng wú shí　名ばかりで実質が伴わない。有名無実。

○ "有气无力" yǒu qì wú lì　息も絶え絶え。気息奄奄^{えんえん}。

○ "有始无终" yǒu shǐ wú zhōng　始めがあって終わりがない。尻切れとんぼ。

○ "有头无尾" yǒu tóu wú wěi　同上。

○ "有眼无珠" yǒu yǎn wú zhū　目はあるが 瞳^{ひとみ}がない；目が節穴同然である。

○ "有勇无谋" yǒu yǒng wú móu　勇気はあるが知恵がない。

"有…有…"

もちろん"有…无…"のすべてが逆接関係を表すというわけではなく，"有恃无恐"（yǒu shì wú kǒng―頼むところがあって何物

も恐れない：後ろ盾があるので怖い物なし）のように，因果関係を表すものもある。

　以上のうちの"有始无终"に対する"有始有终"，"有头无尾"に対する"有头有尾"のように，"有…无…"に対して並列構造"有…有…"の形をとる成語も数多く見られる。

　○"有凭有据"yǒu píng yǒu jù　ちゃんとしたよりどころがある；確かな根拠がある。

　○"有钱有势"yǒu qián yǒu shì　財力もあり権勢もある。

「ありがたきもの」姑に思はるる嫁の君

　「また姑（しうとめ）に思はるる嫁（よめ）の君」。こちらの姑は間違いなしに「夫の母」である。「嫁と姑」の仲は今も昔も難しいもののようですね。

　ついでに「毛のよく抜くるしろがねの毛抜（けぬき）」。「毛抜」は文字どおり毛を抜く道具。ひげではなく眉毛でしょうね，王朝時代の女性の話ですから。「しろがね」すなわち銀製の毛抜は見た目にはよいが，毛抜としてのはたらきは鉄製のものには及ばないと言うのでしょう。

　「主（しゆう）そしらぬ従者（ずさ）」。解説不要でしょう。社長の悪口を言わぬ部長，部長の陰口をたたかぬ課長，課長をそしらぬ部下……。いずれも確かに「ありがたきもの」に違いなさそうだ。おかげで居酒屋は本日も大繁昌。

気になる日本語23

```
第 24 話
```

「金さえあれば」——お金の話（一）

```
                                        ── 成語・ことわざ雑記 ─
```

"有钱能使鬼推磨"

　しばらくお金の話をする。と言っても，小生には無縁のお金もうけや財テクの話ではない。「金さえあれば……」，「金があっても……」，「金がなくても……」，「金では……」と続くことわざや格言の類の話である。

　先の "有钱有势"（財力もあり権勢もある）は四字成語であるが，"有钱" で始まる成語はこの一語くらいで，他はいずれも四字を超えることわざ・格言の類である。

　たいていの辞書に載っているのが，"有钱能使鬼推磨"（yǒu qián néng shǐ guǐ tuī mó）である。金があれば鬼に碾き臼をひかせることができる。金さえあれば何事でも思うままであるというたとえ。地獄の沙汰も金次第。

"有钱高三辈，无钱低三辈"

　「地獄の沙汰も金次第」は日本も中国も，或いは世界のどこの国においても変わりはないが，いかにも中国らしいのが，

　○ "有钱高三辈，无钱低三辈" yǒu qián gāo sān bèi, wú qián dī sān bèi　金があれば三世代上，金がなければ三世代下。

　"你是我孙子"（おまえはわしから見れば孫みたいなもんだ）の罵りことばに見られるように，中国では世代の差が大きな意味をもつ。金さえあれば三世代も上にふんぞり返ってもいられるし，なければ縮こまっていなければならないというのであるか

ら，まことに金の威力は絶大である。

詰めが甘い『中国語大辞典』

"有钱高三辈"の後半は，"低三辈"の代わりに"公变孙"と言うこともある。ここでの"公"は祖父の意で，世代が上の祖父が逆に孫扱いされるというのである。

なお，"有钱高三辈"の後半"无钱低三辈"を角川書店の『中国語大辞典』が"无钱三辈低"とするが，基づくところを知らない。或いは誤植か。中国語としては"高三辈"と"低三辈"が対をなしていなければならない。

さらに同辞典はこのことわざを「銭をもっていると格が三段上がるが，銭がないと三段下げになる」と解説するが，やはりここは原文の"辈"を活かして，「三段」ではなく「三世代」と解すべきであろう。この辞典，わたくしも編集委員の一人だが，大きいだけあって（？），詰めの甘さが目立つ。

"有钱万事足"

「地獄の沙汰も金次第」に相当する中国語は，"有钱能使鬼推磨"のほかにもいくつもある。

○ "有钱能叫鬼上树" yǒu qián néng jiào guǐ shàng shù　金さえあれば鬼も木に登らせることができる。万事金の世の中，人間に指図する鬼を逆に思いのままに操ることができるというのである。

○ "有钱就是一切" yǒu qián jiù shì yīqiè　金がすべて。

○ "有钱钱挡，无钱命挡" yǒu qián qián dǎng,wú qián mìng dǎng　金があれば金が命をあがなってくれるが，金がなければ命を差

し出すしかない。医者に掛かる金がなければ死を待つしかない。

○ "有钱万事足" yǒu qián wànshì zú　金さえあれば何事も思いのまま。金で解決できないものはない。本当にそうかなあ？"有钱万事休"（yǒu qián wànshì xiū）とも。この場合の "万事休" は「もう手の施しようがない」,「打つ手なし」の「万事休す」ではなく,「すべてが収まる」,「何事も片がつく」意。

末までなかよき人かたし

　久々の（半世紀ぶりかな？）『枕草子』, もう少し寄り道させていただこう。

　「ありがたきもの」の続きである。「物語・集など書き写すに, 本に墨つけぬ」。書き写させてくれと言うから貸した本を墨で汚さずに返してくる人はめったにいない。今ならコピーをとるために本の形が変わるほど押さえつけておいて, 平気で返してくる手合いか。

　極め付きは結びの一節。

　　をとこ, 女をばいはじ, 女どちも, 契りふかくて語らう
　　人の, 末までなかよき人かたし。

　「をとこ, 女をばいはじ」, 男女の仲は言うまでもない。女どうしでも……, と言うのである。解説するまでもないでしょう。

気になる日本語 24

第25話

「金がなければ」——お金の話（二）

───────── 成語・ことわざ雑記 ─

金さえあればどこでも天国

　"上有天堂，下有苏杭"（shàng yǒu tiāntáng, xià yǒu Sū-Háng），空に天国があり，地上に蘇州と杭州があると言われるように，この二つの都市は物資が豊かなうえに風光明媚（めいび）で，古来，中国で最も住みごこちのよい所とされている。そこから

　○"有钱到处是杭州" yǒu qián dàochù shì Hángzhōu ということわざが生まれた。当然"有钱到处是苏州"というのもありそうだが，こちらはまだ出会ったことがない。代わりに

　○"有钱到处是扬州" yǒu qián dàochù shì Yángzhōu を挙げておこう。長江北岸の揚州も商業が栄え，多くの文人を生んでいる。美人が多いことでも有名。

金がなければ極楽も地獄

　杭州や揚州ほど住みやすいかどうかは知らないが，もう一つ

　○"有钱是兰州，没钱是难州" yǒu qián shì Lánzhōu,méi qián shì Nánzhōu というのがあって，蘭州もまた金持ちには極楽であるとされる。

　ちょっと解説が要りそうだ。もちろん難州などという都市はない。蘭州との語呂合わせで言ったまでである。住みやすい蘭州に対して住みにくい難州。お金があってこその蘭州で，お金がなければその蘭州も難儀の多い難州と化してしまうというのである。

81

なお，よく知られているように，中国のかなり多くの地方でエル (l) とエヌ (n) の発音は混同されるので，Lánzhōu と Nánzhōu の区別も紛らわしい。このことがこのことわざをより面白くしている。

極楽も素通りするしか……

　○ "有钱南宁，没钱难停" yǒu qián Nánníng, méi qián nán tíng

　このことわざもことばあそびに近い。南寧は広西壮族自治区の政府所在地。さほど繁華な都市とは思えないが，一帯では遊興に適した土地として知られているのであろうか。小説から拾ったが，作者と作品名は失念。お金があれば南寧で面白おかしく遊ぶことができるが，お金がなければ素通りするしかない。"南宁" の "南" に "难停" の "难" を掛けたところがミソ。

　○ "有钱男子汉，无钱汉子难" yǒu qián nánzǐhàn, wú qián hànzi nán

　お金があれば堂々たる男子として威張っていられるが，なければしょぼくれているしかない。"男子" の "男" に "难" を掛けたうえに語順を入れ替えるなど，手が込んでいる。

西日の部屋でがまんするしか……

　○ "有钱不住东南房" yǒu qián bù zhù dōng nán fáng

　"嫌冬不暖，夏不凉"（xián dōng bù nuǎn, xià bù liáng）と続けて使われることが多い。

　四合院と称される中庭を囲んで東西南北に建物を配した伝統的な家屋では，東側すなわち西向きの部屋は夏は暑苦しく，南

側すなわち北向きの部屋は冬の寒さが厳しいので，どちらも嫌われるというのである。若い頃，西日の射し込む安アパートに住んだ経験のあるわたくしにはよくわかる。

○ "有钱常记无钱日" yǒu qián cháng jì wú qián rì

節約のすすめ。いつまでもあると思うな親と金。

強力な援軍が

　日本語の舅（しゅうと）と姑（しゅうとめ）という語の指す範囲について妻の側から見た夫の両親に限られるのではないかというわたくしの理解に対して夫の側から見た妻の両親も含むはずだという指摘を受けて，わたくしがあっさり譲歩して，「あくまでもわたくし個人の理解であるが」としたことは，先に記したとおりである。

　このことに対して別のおひとりからわたくしの理解に賛成である，簡単に自説をひっこめるなという激励とも叱責ともつかぬご意見を頂いた。この方とはわたくしが初めて出版してもらった『中国ことばの旅』（1986年，白帝社）以来のお付き合いである。ただし，やりとりははがきのみで，一度も会っていない。したがって年齢，性別とも不詳。

気になる日本語 25

第26話
「金があっても」——お金の話（三）

――― 成語・ことわざ雑記 ―

少年老い易く……

　初めに挙げた "有钱能使鬼推磨" は金があれば鬼さえも自在に操ることができると金の威力を強調したことわざであるが，では世の中，金さえあれば何事もすべて思うままかというと，もちろんそうではない。

　○ "有钱难买少年时" yǒu qián nán mǎi shàonián shí

　金で買えないものの第一は若さ。もう一度青春時代に戻ることができればというのは，無理な相談。まさしく "少壮不努力，老大徒伤悲"（shàozhuàng bù nǔlì, lǎodà tú shāngbēi），年を取ってから悲嘆に暮れても手遅れ。

後悔先に立たず

　○ "有钱难买子孙贤" yǒu qián nán mǎi zǐsūn xián

　賢い子孫，これもまた金で買うことはできない。苦労して建てた病院を引き継がせようと金を使って出来の悪い息子を医学部にもぐり込ませたが，国家試験が受からなくて……。

　○ "有钱难买后悔药" yǒu qián nán mǎi hòuhuǐ yào

　"后悔药" は後悔の念を癒やす薬。そんな薬が買えるものなら常備薬として備えておきたい。

　○ "有钱难买不卖货" yǒu qián nán mǎi bù mài huò

　いくら金を積んでも相手が売りたくないものは買うことができない。金さえ出せば何でも手に入れることができると思うの

84

は大間違い。人の心は金で買えない。

春眠暁を覚えず

　○ "有钱难买老年瘦" yǒu qián nán mǎi lǎonián shòu

　旧時中国では，日本でもそうだったが，痩せているよりも太っているほうがよいとされた。暫く会っていなかった友人や知人に会った時の挨拶ことばの一つは "你胖了！" であった。「やあ，太ったね」，関西なら「よう肥えはって」といったところか。"老年" は "老来"（lǎolái）とも。

　一方で健康のためには太っているよりも痩せているほうがよいという意識はあったのであろう。痩せた老人に対する慰めのことばとして，また多少の羨望の念を込めて発せられたのがこの語である。

　○ "有钱难买黎明觉" yǒu qián nán mǎi límíng jiào

　"春眠不觉晓"，春眠暁を覚えず。明け方の快い眠り，買えるものなら千金を払ってでも。

人の心と美人の笑顔は

　"有钱难买……" はまた "千金难买……" としても使われる。

　○ "千金难买知心人" qiānjīn nán mǎi zhīxīn rén

　気心の知れた友，真の友人は千金を積んでも得られるものではない。"士为知己者死"（shì wèi zhījǐ zhě sǐ），士は己を知る者のために死す，"知己莫如友"（zhījǐ mòrú yǒu），己を知るは友にしくはなし，"莫逆之交"（mò nì zhī jiāo），莫逆の交わり，"刎颈之交"（wěn jǐng zhī jiāo），刎頸の交わり……。古来，真の友の得がたさ，友情の美しさを説いた格言や成語は数多くある。

85

○　"千金难买一笑" qiānjīn nán mǎi yī xiào

得がたきは美人の一笑。"古人云"（古人曰く）として『紅楼夢』中に出てくる。

わたくしの頭は中国語ボケ？

　強力な援軍を得て，自説も捨てたものではないかと，そのよって来る所を考えてみた。

　中国語では夫の両親と妻の両親ははっきり区別される。日本語にも入っている漢語の「岳父」と「岳母」，これが妻の両親である。ただし，この語は中国語としてもかなり硬いことばで，日常的には"丈人"と"丈母"が使われる。一方，夫の両親は"公公"と"婆婆"である。

　このように中国語では夫の両親と妻の両親がはっきり区別されることが，長年中国語の本を読んできた，つまり中国語ボケしたわたくしの頭は，当然のように，夫の両親と妻の両親を区別していたのに違いない。

気になる日本語 26

第27話

「金は天下の回り物」——お金の話（四）

——— 成語・ことわざ雑記 ———

"有钱王八大三辈"

　先に "有钱高三辈，无钱低三辈" ということわざを紹介したが，似たことわざに "有钱王八大三辈"（yǒu qián wángba dà sān bèi）というのがあるのを思い出した。金があればどんな馬鹿でもふんぞりかえっていられる，銭は馬鹿も利口に見せてくれる。先の "高三辈" も "低三辈" もそうだが，この "大三辈" もうまく訳出するのが難しい。世代の上下を重んじる発想が日本語には乏しいからであろうか。

　適訳はないかと小学館の『故事ことわざの辞典』を引いてみたが見つからない。やや近いかと思われるものに「金があれば馬鹿も利口（旦那）になる」，「金が言わせる旦那」，「銭は馬鹿かくし」などが載っているが，いずれも世代の上下とは無関係である。

"钱财是身外之物"

　金銭や品物に執着することを卑しんでいうのに使われることわざに

　○ "钱财是身外之物" qiáncái shì shēnwài zhī wù

があり，よく使われる。"身外之物" は体以外の物であって，持って生まれてきたわけでもないし持ってあの世に行くこともできないのであるから，重んじるに足りないというのである。よいことばだと思う。上の『故事ことわざの辞典』に「金はあ

の世の土産にならぬ」というのが載っている。

○ "钱财如粪土，情义值千金" qiáncái rú fèntǔ, qíngyì zhí qiān-jīn

"身外之物"である財物など掃きだめの土みたいなもので重んじるに値しない。人情と義理こそたっとぶべきである。

"钱无足而走"

「しばらくはお金の話をする」と言って書き始めたが，どうも筆が進まない。もともと縁のないお金の話など取り上げるべきではなかったかと，いささか後悔している。

以下順不同だが，思いつくままにいくつか。

○ "钱财份上无父子" qiáncái fènshang wú fùzǐ

銭金は親子でも他人。解説を要しないだろう。"亲是亲，财是财"(qīn shì qīn,cái shì cái) とも。

○ "钱无足而走" qián wú zú ér zǒu

銭は足無くして走る。どなたも（と，人様を一緒にするのはよくないかな？）実感されるに違いない。だから「お足」という？まさか。

"财大招祸，树大招风"

○ "钱是倘来之物" qián shì tǎnglái zhī wù

金は天下の回り物。"倘来"は思いがけなく急にやってくる意。金銭は一人の所にとどまっていないで人手から人手へ回っていくもの。と言うけれどオレの所へは回ってこないな，なんてさもしい了見は起こすまい。

○ "财大招祸，树大招风" cái dà zhāo huò, shù dà zhāo fēng

財産が多いと 禍 を招くもととなり，木も大きくなると風当
たりが強くなる。どうやら貴殿も我が輩も禍とは無縁のようで
すな。

「岳父」はにょうぼのおやじだが

　上に「日本語にも入っている漢語の『岳父』と『岳母』」
と書いて，待てよと辞典に当たってみたところ，「岳父」は使
うが，「岳母」のほうは，あるにはあるが，通常は「丈母」で
あることを知った。「そうかなあ」という気がしなくもない
が，妻の父は「岳父」，母は「丈母」ということらしい。

　ところでこの「岳父」と「丈母」，日常的には「にょうぼ
のおやじ」，「にょうぼのおふくろ」ぐらいですませている
が，その「にょうぼ」の側から見た亭主の「おやじ」と「お
ふくろ」はどうだろう。「亭主のおやじ」や「亭主のおふく
ろ」は聞いたことがない。おまえが知らないだけで，陰では
使ってる？　まさか。

　一方にのみこういうくだけた呼び方が存在するという事実
は，注目するに値する。

気になる日本語 27

第 28 話

"饭后百步走"——わたくしの健康法

――― 成語・ことわざ雑記 ―

本と土と微量の酒を友に

今年 2015 年の年賀状に「わたくしは昨年秋に後期高齢者の仲間入りを致しましたが，幸い健康に恵まれ，本と土と微量の酒を友に気ままな山麓生活を楽しんでおりますので，他事ながらご放念くだされたく存じます」と書いたら，後日，顔を合わせた何人かから「健康の秘訣は？」と尋ねられた。

決して頑強とは言えないが，生まれてこの方一度も病院に通った記憶がないのであるから，まあ健康法の一つくらい披露させてもらう資格は十分あるかと思う。

ところが，「これがわたくしの健康法です」と誇れるような秘訣は，いくら考えても思いつかないのである。決して出し惜しみしているわけではないが，そう思われても困るので，或いは多少は健康維持に役立っているかなと思われるいくつかの格言を，以下に記すことにする。

春は厚着，秋は薄着

○ "春捂秋冻，老来无病" chūn wǔ qiū dòng, lǎo lái wú bìng

「風邪は万病の元」と言われるが，風邪をひかないためには季節の変わり目，特に春先と晩秋が要注意である。春が来たというので急に冬着を脱いで薄着に着換えたり，冬が近づいたというのであわてて厚着をしたりしないで体を徐々に季節の変化に慣らせていくのがよい。

"捂"は覆う，閉じ込める意で，厚着すること。"冻"は冷や
す，凍らせる意で，薄着すること。後半の"老来无病"は老い
ても病気をしないということ。"老来无病"の代わりに"一年
不生病"(yī nián bù shēngbìng) という人もいる。

食べたら動く

○ "饭后百步走，活到九十九" fàn hòu bǎi bù zǒu, huódào jiǔ-
shijiǔ

直訳すると「食後100歩歩けば99歳まで生きることができ
る」だが，もちろん100歩と99歳に限られるわけではない。食
後の軽い運動は長寿のもとであるというのである。

わたくし自身は食後は散歩の代わりに庭に出て雑草を抜いた
り落ち葉や枯れ枝を掻き集めて焚き火をしたりして過ごす。

特に運動というほどのものはしないが，筑波山麓のかなり辺
鄙な所に住んでいるので，ほぼ日課になっている郵便物の投函
やそのついでの散策で，たいてい1万歩は歩いている。車を使
えばと家人は笑うが，よほどの悪天候か重い荷物でもない限
り，徒歩で済ませる。

腹八分目

上の"饭后百步走，活到九十九"に似たことわざに，

○ "饭后三百步，不用进药铺" fàn hòu sānbǎi bù, bù yòng jìn
yàopù

こちらは300歩だが，要するに100歩にしろ300歩にしろ軽
い運動をすすめているだけで，大きな違いはない。そうすれば
薬屋通いをしないですむというのである。わたくしの散歩コー

スに大きな薬屋があるが，中に入ったことがない。

　○ "八分饱，不求医" bā fēn bǎo, bù qiú yī

　腹八分に医者いらず。解説するまでもないだろう。満腹するまで食べずに八分目くらいに控えておけば医者のお世話にならずにすむということ。

面と向かってはどちらも "爸爸" "妈妈"

　本から得た知識と限られた範囲での中国での生活経験をもとに親族名称のことを書いている。念のために，配偶者の両親をどう呼ぶか二、三の友人に聞いてみた。

　夫の両親が "公公" と "婆婆" で，妻の両親が "丈人" と "丈母" であることは上に書いたとおりで間違いない。もっとも，"丈人" "丈母" を "外公" "外母" と称する地方もあるらしい。では，"公公" と "婆婆" のほうは？　と聞いてみたが，こちらは "阿公" "阿婆" とか "家公" "家娘" とかを耳にしたことがあるけれどと，あまりはっきりしない。

　面と向かってはどう呼ぶかという問いに対しては，夫の両親，妻の両親ともに "爸爸" "妈妈" とか，"爹" "娘"，"阿爹" "阿娘" などで，夫側と妻側で大きな違いはないとのことであった。

　　　　　　　　　　　　　　　　　　　気になる日本語 28

第29話

適量は3勺──わたくしの健康法（続）

──────── 成語・ことわざ雑記 ─

堆肥作りは「一石二鳥」

「食後は散歩の代わりに庭に出て雑草を抜いたり落ち葉や枯れ枝を掻き集めて焚き火をしたりして過ごす」と書いたら，都心に住んでいる友人に「違反ですよ」と咎められた。例の温室効果ガス排出削減のための申し合わせだか条例のようなものだかがあって，焚き火は禁じられているのでしょうね，大都会では。庭の落ち葉を掻き集めて袋詰めにして業者に引き取ってもらうとか，もちろん有料で。

わたくしの住んでいる筑波山麓の辺鄙な村里では，もちろんお咎めなし。ゴミの回収量の削減に協力したというので，むしろ歓迎されているくらいです。感謝状まではくれませんがね。

という次第で落ち葉を焼いたり，生ごみと一緒に積み重ねて腐らせて堆肥を作ったりという作業は，わたくしにとっては健康保持にも役立ち，まさに「一石二鳥」なのである。

"叶落归根"

わたくしが落ち葉を腐らせて堆肥を作ると話したら，中国の友人が"叶落归根"ですねと面白いことを言った。

○ "叶落归根" yè luò guī gēn

葉落ちて根に帰る。いいことばだと思う。木の葉は根から養分を吸収して茂るが，やがては落ちてまた根のこやしとなる。

友人はこの"叶落归根"をわたくしに合わせて文字どおりの

93

意味で使ったのだが，この語は，成語としては，他郷に住むことになった人も，結局は故郷に帰ることを願うようになることをいうのに用いる。また，そこから転じて，すべて物事は落ち着くところへ落ち着くということ，何事も根本を忘れてはいけないということをいうのにも使う。

後期高齢者ですから

若い頃は，なんて年寄り風を吹かすのはよい趣味ではないが，でも少しぐらいは威張ってもいいのかな？　なにしろ日本国政府お墨付きの「後期高齢者」で，バカ高い保険料をふんだくられているのだから。

「ふんだくられる」は穏やかでないかな？　でも，先にも記したように，わたくしは生まれてこの方一度も病院に通ったことがないし，今も3か月に一度歯科の検診を受ける以外はまったく保険証のお世話になっていないのだから。そのうちまとめてドカッと使ってやるか（笑）。

健康法の話でしたね。「微量の酒」，わたくしにとってはこれが薬になっているようです。若い頃は，書き出しの「若い頃は」はここに続きます。若い頃は無理をして少々飲みましたが，もともと体質に合わないようで，今は1合の徳利を持て余しています。

"酒逢知己千杯少"

3勺がいいところ。勺と言っても通じないかな？　1合の10分の1のことです。1合は0.18リットルですから，3勺は……，イヤですね，こんな計算。お酒はやはり升・合・勺で量

94

らなくては。

　気の合った友人と酌み交わすのは好きである。案外，これが
健康保持の原動力かも。まさに

　○　"酒逢知己千杯少" jiǔ féng zhījǐ qiān bēi shǎo

である。このことわざの講釈，以前に一度しましたね。このあ
とに "话不投机半句多"（huà bù tóujī bàn jù duō）と続く。同感！

千葉のおじさん，我孫子のおばさん

　日本語なら「まご」の一言ですむところが中国語では "孙
子"（息子の男児），"孙女"（息子の女児），"外孙子"（娘の男児），
"外孙女"（娘の女児）に分かれるからやっかいだという話か
ら始まって，長々と親族名称の話が続いている。原稿料稼ぎ
の引き延ばし？　誤解です！　この原稿，何枚書いても原稿
料はくれません。もっとも，そのほうが書く方も気楽に書け
ますがね。

　「まご」に劣らずやっかいなのが「おじさん」と「おばさ
ん」でしたね。父方と母方での区別はないとして，日本語で
はおおぜいのおじさん，おばさんをどう呼び分けているので
しょうか。千葉のおじさん，我孫子のおばさん……，それと
もヒゲのおじさん，メガネのおばさん……？

気になる日本語 29

第30話

尽く書を信ずれば書無きに如かず

成語・ことわざ雑記

12年間？　いいえ，2年間です

「先生は12年間も北京にいらっしゃったのですね。」

「なにかの間違いでしょ？　ただの2年間ですよ。」

「でも，この資料に1979年から1991年にわたり北京にて研修とありますよ。」

過日，講演会で長崎に出かけた折りの参加者とのやりとりである。

驚いて配られた資料なるものを見せてもらったところ，確かにそう書かれている。出処はフリー百科事典『ウィキペディアWikipedia』とか。単純な入力ミスで1981年とあるべきところが1991年になったのだろうと思いながら，資料の前後に目を通してみたところ，そうでもなさそうだ。間違いはまだまだある。

「名誉教授」は終身称号です

略歴欄にこうある。

　関西大学助教授，筑波大学助教授，教授を務めた（2003年定年退官）。1991年4月より共立女子大学教授，2010年定年，名誉教授を務めた。

わたくしは関西大学で助手と専任講師を6年間勤めたが，助教授にはなっていない。昇進は内定していたが，発令を待たずに新設の筑波大学に移っている。この筑波大学には17年間在

職し，1991 年 3 月に辞して，翌月共立女子大学に移っている。
定年まで勤めれば確かに 2003 年退官ということになるが……。
共立女子大学 2010 年定年はそのとおりであるが，名誉教授は
「務めた」のではなく，「務めている」のである。よほどの不祥
事でも起こさない限り，この称号は生涯取り上げられることは
ない。

中検は「一般財団法人」です

そもそも「2003 年定年退官」した人物が 1991 年 4 月に他大
学に移っていることの矛盾に気づかなかったのか。タイムス
リップするほど，わたくしは器用ではありません。

まだまだある。中検での仕事について，「1982 年より開始さ
れた中国語検定試験の実施母体たる一般社団法人日本中国語検
定協会の理事長に 2000 年 4 月に就任し，現在に至る」とある。

日本中国語検定協会の前身である中国語学力認定協会の創設
は 1981 年であり，同年 11 月に第 1 回の検定試験を大阪で実施
している。また試験の実施母体は当初は任意団体であり，法人
格「一般財団法人」（「社団」ではなく，「財団」である）を得たの
は 2009 年 1 月である。

ネット情報は疑ってかかれ

"网盲"(wǎngmáng)，インターネットに疎いわたくしは『ウィ
キペディア』なる百科事典が信頼できる情報源なのかどうかを
知らない。だが，少なくともわたくし個人の記事に関する限り，
上に見たとおりで，デタラメもいいとこだ。他も推して知るべ
しか。ネットに掲出する前になぜ本人に確認を取らないのか。

97

○ "尽信书则不如无书" jìn xìn shū zé bùrú wú shū 尽く書を信ずれば書無きに如かず

　書物に書かれていることをそのまま信用するくらいなら，かえって書物を読まないほうがましだ。もともとは『孟子』に出てくることばで，「書」は『書経』を指しているが，広く書物一般，ネット情報もこれに含めていいだろう。

我孫子に住みたくない！

　住んでいる場所で親族を区別して呼ぶ習慣はかなり一般的ではないかと思う。でも千葉のおじさんはちょっとまずいかな？　なぜって，チバという日本語の音は中国人の耳にはjība（鸡巴＝チンチン）に聞こえますからね。

　我孫子はもっと始末に悪い。もう何度か書きましたが，"我孙子"（おれのまご）という中国語は相手を著しく侮辱した罵りことばとして使われますから。世代の上下を重んじる中国人にとっては二世代下に扱われるだけでも屈辱的であるうえに，「まご」であるからには論理的には相手の祖母との間に性的な関係があったということにもなりかねませんので。現に我孫子には住みたくないと言ってゴネた留学生もいるくらいですから。

　　　　　　　　　　　　　　　気になる日本語 30

```
第31話
```

若し薬瞑眩せずんば，厥の疾瘳えず

―――――――――――――― 成語・ことわざ雑記 ―

二、三策を取るのみ

　前回の「尽く書を信ずれば書無きに如かず」についてもう少し見ておきたい。

　『孟子』尽心篇・下に出てくる語で，原文はこうである。

　　　孟子曰，盡信書，則不如無書。吾於武成，取二三策而已矣。
　　　仁人無敵於天下。以至仁伐至不仁，而何其血之流杵也。

　漢文式に訓読すると，

　　　孟子曰く，尽く書を信ずれば，則ち書無きに如かず。吾
　　　武成に於て，二三策を取るのみ。仁人は天下に敵無し。至
　　　仁を以て至不仁を伐つ，而るに何ぞ其の血の杵を流さん
　　　や，と。

たとえ経典に書かれていても

　『書経』に書いてあることには誤りもあるから，それを全部信じてかかったら，むしろ『書経』がないほうがよい，と孟子は言うのである。

　周の武王が殷の紂王を伐った時のことを記した「武成篇」にしても，自分はその中の二、三の記事を信用するだけである。なぜなら，仁者は天下に敵がいないはずである。なのに武王のようなこの上ない仁者が，紂王のようなこの上ない不仁者を伐つのに，激戦のあまり血が流れて楯が浮いたなどということがありえようか。

99

この上ない仁者である武王が起こした正義のための戦である以上、苦戦することはありえないとする孟子の議論は単純に過ぎるが、経典に書かれている記事にも誤りがあるとする指摘は鋭い。

若し薬瞑眩せずんば……

「尽く書を信ずれば書無きに如かず」もそうだが、『孟子』には、スカッと胸がすく名言や格言が数多くある。

そのうち「若し薬瞑眩せずんば、厥の疾瘳えず」はわたくしの最も好きなものの一つである。

この語は「滕文公篇・上」の冒頭部分に出てくる。滕の文公がまだ太子であった頃、孟子が太子を励まして述べた一文の結びにこうある。

今滕絶長補短，將五十里也。猶可以爲善國。書曰，若藥不瞑眩，厥疾不瘳。（今，滕は長を絶ち短を補わば，将に五十里ならんとす。猶以て善国たるべし。書に曰く，若し薬瞑眩せずんば，厥の疾瘳えず，と。）

目がくらむほどの劇薬でなければ……

今、滕の国は、小国といえども、国土の長すぎるところは切りとり、短い部分を補えば少なくとも五十里四方の国になるでしょう。それだけの国土があれば、治め方一つで善い国をつくることができるはずですと説いた後に、『書経』にもあるようにとして上の語が続く。

薬というものは、服用して目がくらむほどの強いものでなければ効果がなく、病は癒えないものである。太子も、一念発起、

決意を固め，非常の手段をもって国家の建設に当たるべきである，と結んでいる。

　眼がくらむほどの劇薬を服用しなければ難病は治らない，よほどの覚悟をもって当たらなければ大事業の成就は期しがたい。いいことばだと思う。

ヒゲのおじさん，めがねのおばさん

　ヒゲのおじさん，めがね（近眼）のおばさん式もけっこう多いのではないだろうか。

　身内の気安さから背丈や肥満度，皮膚の色，髪の毛の多寡などをとらえてニックネームとして用いる例も珍しくない。幼時の記憶では，この程度にとどまらず，相手の身体的欠陥をとらえて今日なら間違いなしに出版差し止めになりそうな露骨なことばで，身内だけでなしに隣近所のおじさんやおばさんをまで呼んでいたように思う。大阪ことばのもつ独特の効果によるのであろうか，○○○ハンなんてかえって親しみがこもっていたようにさえ思われる。

　ついでに多いのは職業による区別だろうか。運転手のおじさん，八百屋のおばさん，歯医者，按摩，靴屋，大工，鍛冶屋……。千三つ屋なんてのは，もうないでしょうね。

気になる日本語 31

```
第 32 話
```

小を憂えて大を憂えず

```
───────────────────── 成語・ことわざ雑記 ─
```

孟子って？

　「孟子ってどういう人？」ですか。失礼しました，モウシ遅れました。これダジャレです。

　孔子はご存じですね。孔子（前 551-前 479）の孫弟子に子思という人がいました。孟子（？前 372-前 289）はその子思か子思の門人の教えを受けて孔子の思想を継承し，諸国を遊説しましたが受け入れられず，晩年は郷里の鄒（山東省）に退いて弟子たちと著述に専念しました。『孟子』は諸侯および弟子との問答が中心で全 7 篇，のちにこれを上下に分けて 14 篇から成っています。先の「若し薬瞑眩せずんば」は「滕文公為世子」（滕の文公世子たりしとき）で始まるところから「滕文公」篇と称されている章の上篇に収められています。

母は「元祖教育ママ」

　「孟母三遷の教え」なんて話があるのをご存じでしょうか。孟子の母が，初めお墓の近くに住んでいたところ，孟子が葬式のまねばかりして遊ぶので，市場の近くに引っ越したところ，こんどは商売のまねばかりするので，最後に学校の近くに引っ越したところ，礼儀作法をまねるようになったという故事で，前漢末の劉向という人の『列女伝』という本に載っています。

　もう一つ，「孟母断機の教え」というのがあって，こちらも劉

向の『列女伝』に出ています。遊学していた孟子が学業半ばにして帰省したところ，母が織りかけの機の糸を断ち切り，学問も中途でやめてしまえば，これと同じだと言って孟子を戒めたというのです。「元祖教育ママ」といったところでしょうか，孟子のお母さんは。

薬指が曲がって伸びなかったら

『孟子』告子篇・上からわたくしの大好きなたとえ話を一つ紹介しましょう。

> 孟子曰，今有無名之指，屈而不信。非疾痛害事也。如有能信之者，則不遠秦楚之路。爲指之不若人也。指不若人，則知惡之。心不若人，則不知惡。此之謂不知類也。（孟子曰く，今，無名の指，屈して信びざる有り。疾痛して事を害するに非ざるなり。如し能く之を信ばす者有らば，則ち秦・楚の路をも遠しとせず。指の人に若かざるが為なり。指の人に若かざるは，則ち之を悪むことを知り，心の人に若かざるは，則ち悪むことを知らず。此れ之を類を知らずと謂うなり，と。）

「無名之指」は薬指のこと。大して使い途のない薬指だが，これが人並みでないとなると，秦や楚ほどに離れた遠方へも治療に出かける。そのくせ，心が人に及ばなくても……。

彼も丈夫なり，我も丈夫なり

以下思いつくままに『孟子』の諸篇から味わいの深い語句を拾ってみる。

〇上下交征利，而國危矣。（上下交々利を征れば，国危うし。）梁恵王篇・上。今の日本。

103

○雖有智慧，不如乗勢。（智慧有りと雖も，勢に乗ずるに如かず。）公孫丑篇・上。いくら知恵があっても時の勢いには勝てない。斉のことわざ。「雖有鎡基，不如待時」（鎡基有りと雖も，時を待つに如かず）と続く。「鎡基」はくわ・すき。

○勿助長也。（助けて長ぜしむること勿れ。）公孫丑篇・上。ご存じ「助長」の故事。

○彼丈夫也，我丈夫也。（彼も丈夫なり，我も丈夫なり。）滕文公・上。「丈夫」は男子。離婁篇・下に「舜（古の聖人）も人なり，我も亦た人なり」とも。

やかまし屋のおじさん，いらちのおばさん

やかまし屋のおじさんとかいらち（せっかち）のおばさんとか，その人のもつ性格で呼ぶこともありますね。

挙げてきたような使い方は中国語にもないわけではありませんが，多くの場合“二伯”（兄弟順序が２番目で父よりも年上のおじさん）とか“四叔”（兄弟順序が４番目で父よりも年下のおじさん）のように家族関係のなかでの序列で呼びわけているようです。

特に注意したいのは太郎おじさんとか花子おばさんとか相手の名をじかに呼ぶことはないということです。おじさん，おばさんに限らず世代や長幼の順序が上の人には名前ではなく親族呼称を用いるというのが，中国語の習慣です。

気になる日本語 32

第33話
年の始めに——ぼやき初め

——成語・ことわざ雑記——

わたくしの年賀状

今年2016年はこんな年賀状を作りました。

　謹賀新年
　佳い新年をお迎えのことと
　お慶び申し上げます。

ここまでは例年ほぼ同じ文句です。そのあとに近況を伝える短文を添えます。今年のは，

　運営に携わっている検定試験の用務で地方を訪れる機会が
　多いのですが　ここ二三年むかし教室で知り合った若い友
　人がよく訪ねてきてくれます　そろそろ会っておかなくて
　はということでしょうか（笑）

以上，縦書きです。

「大吉」——鉄斎のパクリ

黒字ばかりの印刷では殺風景なので，これも印刷ですが，朱色のゴム印を押しました。文字は「大吉」。大和文華館で買った鉄斎の作品をちょっと加工したものです。流行りのパクリですね，えとにちなんでサルまねということにしておきましょうか。

鉄斎ですか。富岡鉄斎，1836 – 1924。南画家と言っていいのかな。他に儒学・仏教・詩文・歌道など多方面で新境地を開いた人です。

最後に平成丙申元旦として，姓の上野を陰刻で，名の惠司を陽刻で押しました。文字は著名な篆刻家の李文新さんのものです。あの田中角栄や中曽根大勲位もこの人に彫ってもらっています。だからといって，わたくしもエライなんて少しも思っていませんがね。

元旦──実はまだ未（ひつじ）年

　二〇一六年とも平成二十八年ともせずに丙申としたのは，ちょっと気取ってみただけで，特に理由はありません。

　このところ甲午，乙未，丙申と干支を使っているのですが，少し迷いがないわけではありません。例えば今年の陰暦の元日は2月8日です。ですから，厳密にいうと丙申（ひのえさる）はこの日からで，それまではまだ乙未（きのとひつじ）のはずです。

　わたくしは昭和14年己卯（つちのとう）の年の10月生まれですが，うっかり同年の人に「あなたも卯（う）ですね」と話しかけると，「いいえ，わたしは寅（とら）です」と言われたりすることがあります。陰暦が忘れられた今では，こんな人ももう少なくなりましたが……。

申（さる）はサルにあらず

　以上いずれも印刷したものですが，必ず手書きで一筆添えます。それと宛名の住所と氏名は必ず手で書きます。ですから，本文も印刷，宛名も印刷，近年は少なくなりましたが，中にはラベルを貼り付けたものもあり，こんなのを貰うとちょっとがっかりします。まあ見たこともない奥方らしき女性が赤ん坊

を抱いてニタッと笑っている写真などを送り付けられるよりはましですがね。

　ところで丙申の申ですが，この字はサルとは本来無関係です。元からあった甲，乙，丙，丁……の十干と，子，丑，寅，卯……の十二支の，十二支の方にずっとあとから鼠，牛，虎，兎……と動物を当てたに過ぎません。

　　上に姉がいなくても"二女儿"？

　　　他问三个孩子："……？"
　　　上中学的大儿子说："……。"
　　　上小学的二女儿说："……。"
　　　上幼儿园的小儿子说："……。"

　この文章，ある作品からの引用です。３人の子供の答えが"……"ばかりで，何のことか分からないって？　"……"の箇所は，これからの本題と関係がないので省略したまでです。

　初めに"他"とあるのは父親です。父親が３人の子供に尋ねた。上の息子は……，次の娘は……，下の息子は……，というだけの話です。この「次の娘」と訳した"二女儿"が気になります。

気になる日本語 33

107

> ### 第 34 話
> # 年男・年女——縁起がいい？　悪い？
> ——— 成語・ことわざ雑記 ———

「猿」と「猴」は異なる

わたくしたち日本人は「ね，うし，とら，う……」を「子，丑，寅，卯……」と書きますが，中国人はこのように書く人もいますが，たいていは「鼠，牛，虎，兎……」とそのまま動物名を当てています。ですから，今年サル年は申年ではなく猴年ということになります。

サル年のサルは「猿」ではなく「猴」を使います。これはいつか書きましたが，中国語では「猿」と「猴」に使い分けがあるのです。"猿"(yuán)はしっぽが無いか，有っても短い大型のサル。一方の "猴"(hóu) は長いしっぽをもつ小型のサル。英語の *ape* と *monkey* の使い分けに対応しているかと思います。ゴリラやオランウータンが前者で，ニホンザルは後者の代表的なものです。

「巳年」は「ヘビ年」

今年中国の友人からもらった賀状に "猴年大吉" とか "祝猴年幸福" とか記されたものが何枚かありました。"猿年" はありません。

今年の "猴年" はともかく，数年前の "蛇年" はあまり気持ちのよいものではありませんでした。ヘビに対する感覚がわたくしたち日本人と中国人とでは異なるのでしょうか。

"蛇年" の "蛇" は縁起をかついででしょうか，よく "小龙"

と言い換えて使われます。この年生まれの人で「小龍」と名乗っている人を何人か知っています。「成龍」さんもいます。ホンモノの「龍」は辰年ですね。日本でも「辰」に「竜」を当てていますが，実際にはタツノオトシゴを指していることが多いようです。中国では絶対に神獣の龍です。

"本命年"には赤いパンツ

そう言えば十二支のおしまいの「亥」も日本と中国で少々違っていますね。「猪」の字を当てるところは共通していますが，この字は日本語ではイノシシ，中国語ではブタ。

違うと言えば，年男，年女に対する考え方も日本と中国ではずいぶん違いますね。日本ではその年のえとの生まれの男が（近頃は女も？）選ばれて節分の豆まきをしたりすることからわかるように，生年のえとが巡ってくるのは縁起のよいことと見なされていますが，中国は異なります。

自分の生年のえとの年のことを中国語では"本命年"(běnmìngnián) と言います。迷信では縁起の悪い年とされていて，厄除けに赤いものを身に付けます。下着に赤いシャツや赤いパンツを着用するという人を何人も知っています。初詣に出かけた巣鴨の「老人街」で真っ赤なパンツを買っている若い中国人女性を見かけました。さすがに「爆買い」とやらはしていませんでしたが……。

サル・猴──かんばしくないのは日中共通？

こちらは日本人の話のようですが，年末でしたか年始でしたか，どこやらのデパートで赤い下着の売れ行きがよいという新

聞記事を目にしました。縁起がよいからとか。中国とは正反対
ですね。

えてこう（猿公）などと蔑まれ，やれ猿芝居だの，猿知恵だ
の，猿まねだの，猿の尻笑いだの，はては人間より毛が３本足
りないだのと，なんともかんばしくないサルだが，中国ではど
うなっているのでしょうか。

ただちに思い浮かぶのは「沐猴而冠」（沐猴にして冠す），わが
「猿に烏帽子」でしょうか。

"大女儿" の誤りでは？

男，女，男と３人の子供がいる上の息子が "大儿子"，下
の息子が "小儿子" はよいとして，中の娘をきょうだい順序
が２番目であるから "二女儿" と呼ぶか，女きょうだいのな
かでいちばん上であるから "大女儿" と呼ぶかは，難しいと
ころです。

中国では伝統的には男女を分けて，それぞれ別に順番を数
えます。日本語の長男，次男，三男……，長女，次女，三女
……もこの式ですね。もっとも，今は役所などへの提出書類
も，性別は記さず，ただ「子」とだけ，或いは第一子，第二
子などと書くだけでよいことが多いようですが……。

わたくしがある原稿に先の文章を引用したところ，入力を
担当してくれた中国人の友人から "大女儿" の誤りではない
かという指摘を受けました。

気になる日本語 34

第35話

外面を飾ってもサルはサル

―――――――― 成語・ことわざ雑記 ―

猿に烏帽子

「猿に烏帽子」ということわざはどなたもご存じですね。

烏帽子というのは時代劇などでよく見かける袋状のかぶり物。「烏」はカラスですから，カラスの羽のように黒い帽子という意味でしょう。元服した男子が略装に用います。

このことわざは，猿が烏帽子をかぶったようなもので外見ばかり飾ってみても中身が伴っていないことをたとえるのに使われます。誰でも外面を飾ればりっぱに見えるということをたとえる「馬子にも衣装」と反対の意味のことわざですね。たいていのことわざは一面の真理を言い当てていますが，必ずと言っていいほど，この場合のように，相反する一面を言い当てたものが存在するようです。人間の営みというものは一言でくくってしまえるほど単純なものではないということでしょうか。

沐猴ニシテ冠ス

「猿に烏帽子」に相当する中国語は「沐猴而冠」でしょう。と言うよりも「沐猴ニシテ冠ス」が先にあって，その日本語版が「猿に烏帽子」であると言ったほうが正確かもしれません。

「沐猴而冠」は『史記』の項羽本紀に出てくることばです。関中の地を征した項羽がここを都としてとどまらずに故郷に帰ろうとして「富貴にして故郷に帰らざるは，繍を衣て夜行くがごとし」（富貴不帰故郷，如衣繍夜行）と言ったところ，ある人

111

がことわざに「楚人は沐猴にして冠するのみ」（楚人沐猴而冠耳）
というが，まさにそのとおりではないか，とあざけったとあり
ます。

　サル扱いされた項羽はよほど腹が立ったのでしょう，言った
男を釜ゆでにして煮殺してしまったそうです。

沐猴＝髪を洗うサル？

　「沐猴而冠」の「沐猴」はサルの一種であることは間違いあ
りませんが，それ以上のことは，わたくしにはよくわかりませ
ん。《現代汉语词典》には“沐猴而冠”（mùhóu'érguàn）は載って
いますが，“沐猴”は単独では収めていません。ただ，“沐猴而
冠”の説明の中に“沐猴（猕猴）戴帽子，装成人的样子”とあ
りますから，“猕猴”（míhóu）に当たってみますと，こちらは確
かに収められています。尻に毛が生えていないとか，尾が短い
とか，いろいろ説明がありますが，さて，日本語で何ザルとい
うのか，サル学に明るくないわたくしには，まったくお手上げ
です。

　「沐猴」の「沐」は沐浴の沐で「髪を洗う」という意味です
から，サルのしきりに頭を掻くしぐさが，人が髪を洗う動作に
似ているところから「沐猴」と呼ばれるようになったのでしょ
うか。

『史記』は成語・ことわざの宝庫

　上に引いた「楚人沐猴而冠耳」という語は，その前に「人
言」（人は言う）とあって，この語が人々に言い慣わされていた
ことば，すなわちことわざのようなものであったことがわかり

112

ます。『史記』には，このほかにもこの種のことわざや慣用句が多数引かれていて，それらを知るのも『史記』を読む楽しみの一つです。少なくとも，わたくしにとっては。

　そう言えば上の項羽のことば「富貴不歸故郷，如衣繡夜行」もなにやらことわざ臭いですね。この語は現代語においてもほぼそのまま "富贵不归故乡，如衣锦夜行"（fùguì bù guī gùxiāng, rú yī jǐn yèxíng）として使われています。後半の "如" は "好似"（hǎosì）とも。

そういう数え方が今風？

　実は指摘を受ける前から，わたくしもこの箇所は気にかかっていたのです。何人かの友人に確かめてみましたが，みなヘンだという答えです。それでも，なんとなくこのままでもよいのではという気がしたものですから，もう30数年前になる北京在住以来教えを請うている老先生に手紙を書いてお尋ねしたところ，例の，と言っても，もう使ったことはもちろん，見たこともないという人がほとんどかもしれませんが，わたくしにとっては例の，散髪屋の看板のような赤と青の縁どりをした航空便用の封筒で長文の返事が届きました。

　結論から言いますと，原文のとおりで誤りではないというものです。大都市のインテリの家庭では，そういう数え方をするのが「ナウイ」のだと，このナウイだけ日本語で記されていました。

気になる日本語 35

第36話

水中の月をすくおうとした猿

――――― 成語・ことわざ雑記 ―

"猴"の字を含む成語

"猴"の字を含む成語を拾ってみた。

○ "杀鸡吓猴" shā jī xià hóu 鶏を殺して猿を驚かす；一人を罰して他の見せしめにするたとえ。"杀鸡儆猴"(shā jī jǐng hóu)，"杀鸡骇猴"(shā jī hài hóu)，"杀鸡给猴看"(shā jī gěi hóu kàn) などとも。

○ "尖嘴猴腮" jiān zuǐ hóu sāi とがった口とこけたほお；貧相な顔の形容。

○ "猿猴取月" yuán hóu qǔ yuè 水に映った月の影を取ろうとして親分の猿が木の枝につかまり，他の猿を順番にしっぽにつかまらせて水面に近づこうとしたが，枝が折れて溺れて死んでしまうという話から。もとは仏教説話。無知愚昧なたとえ。また，無駄骨を折るたとえ。

小学語文《猴子捞月亮》

先の "沐猴而冠" を除けばこんなところだろうか。意外に少ないような気がする。

上の最後に挙げた "猿猴取月" の "猿猴" は "猿" と "猴" の総称で，尾なしの大型ザルも尾のある小型のサルも含むが，説話の中ではしっぽにつかまって水面に近づくことになっているから，実際には "猴" の方だけを指しているのであろう。

入門の頃，もう半世紀を超える昔ですが，その時のテキスト

114

の一冊『小学語文』に"猴子捞月亮"というのがあった。しっぽにつかまるのではなく足をつかませること，溺れ死にさせる代わりに明るい結末に変えていることを除けば，ストーリーはほぼ原典どおりである。

《猴子捞月亮》原文

有个小猴子在井边玩儿。

它往井里头一伸脖子，看见里头有个月亮，就大叫起来："糟啦！糟啦！月亮掉在井里头啦！"

大猴子跑过来一看，也叫起来："糟啦！糟啦！月亮掉在井里头啦！"

老猴子跑过来了，后边跟着一群猴子。它们一看，也都叫起来："月亮真的掉在井里头啦！快把它捞出来！"

井旁边有棵大槐树。老猴子倒挂在大槐树上，它拉住大猴子的脚。大猴子也倒挂着，它拉住另一个猴子的脚。这样，一个连一个地接起来，一直接到井里头，小猴子挂在最下边。

小猴子伸手去捞月亮，捞了好些时候儿捞不着。

它们觉得很累，都说："挂不住啦！挂不住啦！"

老猴子一抬头，看见月亮还在天上，就说："不用捞啦！月亮还在天上呢。"

《猴子捞月亮》語釈

日本語訳は必要ないでしょう。簡単に注釈を付しておきます。

○糟啦！糟啦！　たいへんだ，たいへんだ。

○捞出来　すくいだす，すくいあげる。"捞"は水中のもの

115

をすくう，さぐりとる意。

○槐樹　えんじゅの木

○倒挂　さかさまにぶらさがる。

○一个連一个地　一匹また一匹と連なって

○好些时候儿　ずいぶん長い間。

○捞不着　すくいあげることができない。

○挂不住啦！　もうぶらさがっていられない。

○不用捞啦！　もうすくわなくてもいい。

昔は女の子は数に入れてもらえなかった

　老先生の返信にはそのナウイことを裏づけるためにいくつかの文学作品を，コピーなどではなくこまめに手で書き写されていましたが，長くなるので紹介は控えておきます。

　先生の手紙にもありますし，わたくしもそう思いますが，このナウイ現象は徐々に広まっていくのではないかと思います。

　歴史の本などを読んでいますと昔の皇帝には息子が何人いたかは記されていても，娘の数は記されていないことがしばしばです。わたくしには息子が１人と娘が１人いることを知っているはずの中国の友人から，「お子さんは１人だ」と言われた話はいつか披露しましたが，女の子は数にも入れてもらえなかった時代から見れば，ずいぶん遠くまで来たものですね。

気になる日本語 36

第37話

吾輩はサルの王様である

――――――――――――― 成語・ことわざ雑記 ―

"心猿意马"

　もっとあるかと見当をつけていた「猴」の字を含む成語は意外に少ないようです。もちろんわたくしの読書範囲など限られていますが，心当たりの辞典の類を繰ってみても，よく使われるものは先に挙げた数語に尽きています。

　ついでに「猿」のほうも見ておきましょう。こちらも先の"猿猴取月"を除けば，あとは"心猿意马"(xīn yuán yì mǎ) ぐらいでしょうか。心が猿のように騒ぎ，思いが馬のように馳せるというところから，雑念や欲情のために心が乱れて落ち着かないことをいうのに使われます。語順を逆にして"意马心猿"とも言いますが，どちらかといえば"心猿意马"のほうがよく使われるようです。日本語にも入っていて，こちらは「意馬心猿」のほうですね。

○○君がシンエンイバで……

　30年以上も昔のことですが，北京の大学で日本語の授業をしていた時，隣の席の男子学生がいたずらでもしたのでしょうか，女子学生が「先生，○○君がシンエンイバで困ります」と大声を上げたのを思い出します。やはり中国語はイバシンエンではなく，シンエンイバなんですね。この話，一度披露したことがありましたね。

　「心猿意馬」の出典は漢の魏伯陽という人の『参同契』とい

117

う本の注釈に出てくる「心猿不定，意馬四馳」（心は猿のように落ち着かず，意は馬のように四方を駆けめぐる）が初出のようです。道家の仙術かなにかについて書いた本のようですが，わたくしは読んだことがありません。上の引用はもちろん孫引きです。わたくしの出会った確かな用例は明の王陽明の『伝習録』です。

"猴子王"

これも，もうだいぶ昔の話。東京都の西の郊外，高尾山の麓にある女子大に出講していたことがあります。

ある日，呼び出されて学部長室に行ったところ，学部長先生「キミ，また舌禍を招いたね」と苦笑していらっしゃる。舌が滑って禍を招くことはしばしばあるが，この時は思い当たるふしがなかったので，「何でしょうか」と聞き返したところ，娘をサル呼ばわりしたと親御さんから苦情が寄せられているとのことである。ハハーン，アレか。すぐに思い当りました。

ザワザワと落ち着きのない教室であったので，自嘲気味に"猴子王"（hóuziwáng）もラクではないね，とつぶやいたのが祟ったらしい。

近頃の親御さんは……

"猴子王"，文字どおりには「サルの王様」。小学校の先生をからかい半分に呼んだり，先生自身が自嘲気味に称したりするのに使います。もちろん，先生が王様であるからには，子供たちはサルということになります。

教室での細かなやりとりは覚えていませんが，それこそ「意

馬心猿」，高尾山のサルみたいに落ち着きのない連中だくらい
のことは言ったに違いありません。

　経緯を一通り話したところ，前任校以来の同僚で，気の置け
ない仲の学部長は，「近頃の親御さんはユーモアを解しません
ね」ということで，一件を不問に付してくれました。

劉備，関羽，張飛の場合

　仮に３人の男の兄弟がいたとします。互いにどう呼び合っ
ているのでしょうか。

　わかりやすいように，これは本当の兄弟ではありません
が，上から順に劉備，関羽，張飛の三兄弟ということにしま
しょう。どこかで聞いたような気がする，ですか？　そうで
す，演義の『三国志』に出てくる３人の義兄弟ですね。同年
同月同日に生まれなかったのは仕方がないとして，同年同月
同日に死にたいと契り合ったくらいの仲ですから，兄弟以上
の兄弟と言ってもよいでしょう。

　兄弟にはそれぞれ玄徳，雲長，翼徳という字があって，他
人はその本名を呼ぶことはなく，通常はこの字を呼びます。
では兄弟どうしではどうでしょうか。

気になる日本語 37

| 第38話 |
| 三百畝(ほ)の田んぼがあったなら |

――――――――――――――――――――――― 成語・ことわざ雑記 ―

"猴年马月""驴年马月"

　成語と言えるかどうか確かではありませんが，"猴年马月"
(hóu nián mǎ yuè) というのがあって，いつとは言えないあてに
ならない年月をふざけ半分にいうのに使われます。"何年某月"
(hé nián mǒu yuè) のもじりだとされています。「某年某月」と
いったところでしょうか。

　似た表現にもう一つ "驴年马月"(lǘ nián mǎ yuè) というのが
あって，こちらのほうがいくらか正式なのでしょうか，中国刊
の《汉语大词典》に収められています。ロバの年のウマの月。
ロバは十二支の動物に含まれていませんから，"驴年" という
年は存在しないわけです。"驴年" だけを単独で使うことも
あって，こちらは日本刊の『大漢和辞典』などにも収められて
います。

"猴王""猴子王""孩子王"

　先の "猴子王" について，「"猴王" とも言いますか？」との
質問が寄せられた。角川書店の『中国語大辞典』に載っている
のだそうです。

　確かなことは言えませんが，やはり "猴子王" でしょう。"猴
王" では文字どおり「サルの王様」，高崎山あたりのボス猿を
思い浮かべてしまいます。二、三の知人にも確かめてみました
が，同じ意見です。

120

"孩子王"（Háiziwáng）という映画がありましたね。阿城さんの原作だったかと思います。（例によって，ちょっと記憶が怪しい。）こちらは文字どおり「こどもの王様」，すなわち小学校の先生のことです。"猴子王"と"孩子王"，どちらかがどちらかをもじったのでしょうか。

"猴王""猴夫人"

　"猴王"についてとっておきの話があるので記しておきます。
　『宋史』巻489（列伝248，外国五）の中に「闍婆」というのがあります。闍婆は爪哇，すなわちジャワのことでしょう。「闍婆国は南海の中にあり」に始まり，この国の人の服装はどうだとか，病気をしても薬をのまないとかいろいろ記した中に"猴王"についての記述があります。
　この国の山中にはサルがたくさんいて，木の実を与えると，まず2匹の大猴が出てきてこれを食べる。他のおおぜいのサルは大猴のお余りを頂戴する。この2匹の大猴のことを，土地の人は「猴王」，「猴夫人」と称している，というのである。猴王のつれあいが猴夫人とは，『宋史』を読んで初めて知りました。『宋史』，大部なわりに面白い記述は少ないのですが，時にこんな愉快な記事にも出会います。

"猴孫王"

　これも大きめの辞書には載っていることですが，"猴子王"はまた"猴孫王"（hóusūnwáng）とも言ったようです。
　孫引きですが，明の彭大翼という人の《山堂肆考》という本の中に南宋の秦檜についての逸話が紹介されています。

檜は若い頃，束脩（月謝）を取って私塾の先生をしていたのですが，本意ではなかったのでしょう。詩を作って，もし三百畝の水田があったなら，こんなサルの王様みたいなことはしないですむのに（若得水田三百畝，這番不作猴孫王）と，うっぷんを晴らしたそうです。

よく知られているように，秦檜は南下する金との講和を主張し，主戦派の岳飛を獄死させたというので評判の悪い人物です。

「二弟」は二番目の弟？

3人の兄弟順序は固定していて，劉備が一番上，関羽が二番目，張飛が三番目ですね。そこで，今日なら関羽と張飛の2人の弟は劉備を「大哥」と呼ぶことになります。「大哥」の「大」は一番上という意味です。ですから女きょうだいで一番上の姉は「大姐」ということになります。

二番目の関羽はどうか。劉備からすれば関羽は弟ですから「二弟」ということになります。ここのところちょっとややこしいですからご注意ください。「二弟」は何人かいる弟のうちの二番目の弟という意味ではなく，兄弟順序が二番目に当たる弟を意味します。

兄の劉備からは「二弟」と呼ばれる関羽も，弟の張飛からは二番目の兄ということで「二哥」と呼ばれます。いずれにしても関羽には兄弟順序の「二」が付いて回るわけです。

気になる日本語 38

第39話

家に三斗のコメがあったなら

――― 成語・ことわざ雑記 ―

「三百畝」ってどれくらい？

　先の秦檜の「若得水田三百畝，這番不作猴孫王」について少し補足しておきます。

　もし三百畝の田んぼがあったなら，サルみたいなガキを相手になんか……，と言っているのですが，「三百畝」とはどれくらいの面積かおわかりでしょうか。

　辞書には1"畝"（mǔ）は1/15ヘクタールだとあります。"畝"は「畝」の簡体字です。そうしますと，三百畝は20ヘクタールということになります。もっとも宋・元の頃の地積の単位は今日とは異なっていたようですから，実際はもうちょっと少なかったかもしれませんが，もともとおおざっぱに言っている数字ですから，こだわることはないでしょう。

　いずれにしても，20ヘクタールというのはかなりの面積ですね。

秦檜は地主になりたかった？

　わたくしは筑波山麓で1反ほどの畑を鍬とスコップで耕して遊んでいますが，1反はおよそ10アールですから，20ヘクタールはこの200倍ということになります。大丈夫かな？　どなたか検算してみてください。

　20ヘクタールの田んぼを個人で耕すことはできません。宋代といえどもわたくしの鍬とスコップよりは効率のよい農機具が

123

あったに違いありませんが，それでも 20 ヘクタールは無理です。

　秦檜センセイ，小作人でも雇って自分は左うちわを決め込むつもりだったのでしょうか。セコイと思いませんか。

古人も言っているではないか

　メモを整理していたら "連古人都説'家有三斗粮,不当孩子王'嘛" というのが出てきました。例によって有り合わせのメモ用紙へのなぐり書きで，どなたの小説であったか定かではありません。

　"連古人都説"（昔の人も言っているではないか）とありますから，古くから使われていることわざのようなものなのでしょう。こちらは秦檜センセイの三百畝ではなく，三斗糧です。この「斗」も時代によって異なります。10 升が 1 斗であることは変わりませんが，今日の 1 升が 1 リットルであるのに対して（これは清代に少し端数があったのを切り捨ててメートル法に換算しやすいようにしたものです），唐代では約 0.6，宋・元代では 0.95，明代になると倍近い 1.7 リットルといったぐあいで，一定しません。ちなみに日本の 1 升は約 1.8 リットルですから明代と大差はないようです。

とてもじゃないが……

　"家有三斗粮,不当孩子王" がいつ頃から使われるようになったのかは定かではありませんが，三百畝と三斗糧ではずいぶん差がありますね。三斗糧のほうは，仮に日本の升で計算して，3 斗は 30 升すなわち 300 合ですから，宮沢賢治の雨ニモマ

ケズに倣って1日に4合ずつ食べるとして，たった75日分です。きょう，あすの食うに困りさえしなければ……，といったところでしょうか。

秦檜センセイの「三百畝」はガキどもの相手はゴメンだというニュアンスが強いように思われるのですが，ことわざの「三斗糧」のほうは，教師の待遇の悪さを訴えているように感じられます。特に民国時代や新中国になってからのある時期までの使われ方は，例外なくそのようです。この給料ではとてもじゃないが，食っていけないという悲鳴が聞こえてくるようです。

兄を名前で呼んではいけない

では張飛はどうでしょうか。

もうおわかりですね。張飛は劉備から見ても，関羽から見ても弟で，しかも兄弟順序は三番目で固定しているわけですから，どちらの兄からも「三弟」と呼ばれます。

ここで注意しなければならないのは，兄弟順序を冠した呼び方のほかに長兄の劉備が2人の弟を羽，飛と本名を呼び捨てたり，雲長，翼徳と字で呼んだりすることはあっても，2人の弟が劉備を本名の備はもちろん，字の玄徳でも呼ぶことはないということです。

関羽は兄の劉備を本名や字で呼ぶことはできませんが，弟の張飛に対しては本名の飛，字の翼徳で呼ぶことができます。張飛だけは，2人の兄を兄弟順序で呼ぶしかありません。

気になる日本語 39

第40話

ベビーブームがやってくる

―― 成語・ことわざ雑記

スカートをはいてもサルはサル

先に紹介した「沐猴而冠」(沐猴にして冠す)は四字成語であるが,これに類したことわざもいくつかある。

○ "猴子穿上裙子，仍旧是猴子" hóuzi chuānshàng qúnzi, réngjiù shì hóuzi スカートをはいてみたところで,サルはサル。本性を覆い隠すことはできない。

○ "猴子穿上绸缎也还是猴子" hóuzi chuānshàng chóuduàn yě háishi hóuzi "裙子"(スカート)が"绸缎"(繻子と緞子,絹織物の総称)に変わっただけで,意味は上と変わらない。

○ "猴子学人形，改不了猴气" hóuzi xué rénxíng, gǎibuliǎo hóuqì 人間のまねをしてみたところで,サルはサル,サルの本性は隠し切れるものではない。

それでも申年生まれは歓迎される

見てきたかぎりではどうも冴えないというか,あまりパッとしない存在であるが,ではサルは嫌われ者かというと,そうとも限らない。

今年 2016 年は,正確にいうと春節(旧正月)の 2 月 8 日以降は申年であるが,"婴儿潮"(yīng'ércháo―ベビーブーム)を迎えると言われている。未年の昨年ではなく,申年の今年に向けてすでに出産準備をしていたり,これから準備にかかる夫婦や,今年のうちにと結婚を急ぐカップルが多いらしい。

過去の統計によると，縁起がよいとされる辰年，午年，申年の出生率は他の年よりも高いのだそうだが，今年はもう一つの原因が加わる。

今は昔"只生一个好"

　新聞やテレビ，ラジオで大きく報道されたのでご存じの方も多いと思うが，昨年暮れ北京で開かれた全国人民代表大会の十八届五中全会（第18期第5回中央委員会全体会議）において一組の夫婦が二人の子供を生むことが全面的に認められたからである。

　わたくしは一人っ子政策が推し進められるようになって間もない1979年4月から2年間北京で過ごしていたが，いたるところに"只生一个好"（子供は一人がよい）だの，"节日不忘计划生育"（祝祭日もバースコントロールを忘れないように）といった標語があふれていたのを覚えている。

　少数民族には適用しないとか，夫婦双方がともに一人っ子である場合は例外を認めるとかの措置はとられてはいたが，今般，無条件で"二孩政策"（二人っ子政策）が採用されたのである。

続くか，紙おむつと粉ミルクの爆買い

　子供を何人生むかは夫婦が決めればよいことで，本来政治が制限したり奨励したりすべきものではないが，ともあれ，今回二人までは認められたのは喜ばしいことに違いない。

　でも，手放しで喜んでばかりいられないような気がしなくもない。

127

わたくしは統計学には疎いが，人気の申年に加えて制限解除ということになれば，おそらく100万単位の出生増が見込まれる。従来も年間1000万人は超えていたであろうから，これに急に数百万人が加わったらどういうことになるか。

　病院のベット数は足りるのか，女性の"坐月子"(zuò yuèzi—1か月の産褥期) の世話をする"月嫂"(yuèsǎo—出産・育児専門のヘルパー) 探しに困らないか，……。日本製紙おむつと粉ミルクの爆買いが続きそうだ。

「雪姉ちゃん」は中国語に訳せない

　以上，男の三兄弟を例にして話してきましたが，女の場合も「哥」と「弟」が「姐」と「妹」に変わるだけです。靄齢，慶齢，美齢の三姉妹では同じ3人で芸がないので，鶴子，幸子，雪子，妙子の四姉妹を例に話すことにしましょう。もっとも，話すと言っても，3人が4人に増えただけですから，あとは類推していただければすむことです。末っ子の妙子さんは「四妹」ということになりますね。

　鶴子，幸子……，おわかりですね，谷崎潤一郎の代表作『細雪』の登場人物です。書き出しの幸子が妹の妙子に向かって言う「こいさん，頼むわ」はこのまま中国語に訳せますが，妹のこいさん（妙子）の「雪姉ちゃん，そんなに東京嫌いやったら，……」は，直訳のしようがありませんね。中国語には妹が姉を名前で呼ぶ習慣がないのですから。

気になる日本語 40

第41話

「告朔の餼羊」羊は犠牲に供された

―――――――――――――― 成語・ことわざ雑記 ―

なんでサル年に

　今年は縁起がよいとされる申年（俗に“猴年”）で，加えて昨年末に一組の夫婦が二人の子供を生むことが認められたとあって，中国は“嬰児潮”（ベビーブーム）を迎えるというのが大方の予想である。その予想に異を唱えるつもりはないが，未年（俗に“羊年”）を持ち越して申年に出産というのが，わたくしにはよくわからない。

　中国においては，別格の龍が当てられる辰年（俗に“龙年”）を除いて，未年はもっと好まれて（少なくとも申年よりは）よいのでは，とわたくしには思われるからである。

　「吉祥」の祥の字に通じることからもわかるように，羊は縁起のよい動物とされている。

「羊」は「祥」に通じる――縁起がよいはずなのに

　わたくしが一昨年の未年の年賀状に「大吉羊」の篆書を用いたことは，いつか披露した。もちろん字は自分で刻したものではないが……。その際，「羊」の字のわきに（祥）と付記しておいた。以前，未年ではない年にこの印を押したところ，「ヒツジ年でもないのにどうして？」と聞かれたことがあったからである。「羊」と「祥」が通じて使われることは多少とも中国古典に親しんだ人や書をたしなむ人の間では常識になっている。

　羊が好もしい動物とされていることは，「美」や「善」「義」

129

などプラスのイメージを伴う字が，いずれもその構成要素に
「羊」を含んでいることからも窺うことができる。

　このヒツジの年を避けてサルの年に子をもうけようとする人
の心理が，わたくしにはわからない。

羊を愛しんだ子貢　礼を愛しんだ孔子

　「告朔の餼羊」という語が『論語』の八佾篇に見える。

　　子貢欲去告朔之餼羊，子曰，賜也，爾愛其羊，我愛其禮。
　　（子貢告朔の餼羊を去らんと欲す。子曰く，賜や，爾 はその羊を
　　愛しむも，我はその礼を愛しむ。）

　「告朔」は『広辞苑』に「中国で，諸侯が天子から受けた暦
を祖廟に収め，朔日ごとにその月の暦を祖廟に告げて施行した
こと」とある。先祖の廟に告げることではなく，周の天子から
翌年の暦を告げにくる使者を受け入れる際の儀式であるとする
説もあるようだが，今は深入りしない。

　「餼羊」とはその儀式の際にお供えに用いられる羊のことで
ある。財政に明るい政治家の子貢が，そういう形式だけのこと
はやめようと言ったのである。

未年に子を生みたくないわけ

　子貢が形骸化した儀式を廃そうとしたのに対して，孔子がた
とえ現代的意味は失われているにしても，過去に意味のあった
ものは軽々しく廃すべきではないと言っているところが面白
い。経済成長のために過去の文化遺産を破壊して惜しまない国
の住民として，おおいに共感できる。

　唐突に「告朔の餼羊」などという語を持ち出したのは，この

130

語からも窺えるように，古来羊は儀式の際のお供えとして犠牲に供されることが多かったことを言いたかったからである。或いはこのあたりが未年に子を生みたくないという意識に結びついているのかもしれない。

なお，日本語の「告朔の䬢羊」も中国語の"告朔饩羊"（gào shuò xì yáng）も，実質を失った形式だけのものの意で今もまれに使われることがあるようだ。

財閥夫人靄齢，革命家夫人慶齢，権力者夫人美齢

女きょうだいの呼び方を説明するのに，「靄齢，慶齢，美齢の三姉妹では（男兄弟の場合と）同じ３人で芸がないので」と記したところ，その三姉妹は実在の人物かという質問を受けました。実在の，正確に言えば，実在した人物です。

姓は宋，上の靄齢はともかくとして，宋慶齢，宋美齢の２人は中国近現代史上，主役に近い役割を演じた人物です。姉の慶齢は革命家孫文夫人，妹の美齢は中華民国総統蒋介石夫人，一番上の靄齢も２人の妹ほどには華々しい存在ではありませんが，財閥で後に中華民国財政部長を務めた孔祥熙と結婚し，要所要所で影響力を発揮しています。

気になる日本語 41

第42話

"冬至大如年" 冬至は正月に匹敵

――成語・ことわざ雑記――

午月 (陰暦五月) はウマの月？

先に "猴年马月" と "驴年马月" について書いた時に， "猴年" は "何年" のもじり， "驴年" は実際には存在しない年で，どちらも「いつとは言えないあてにならない年月」をふざけ半分にいうのに使われると述べたところ，読んでいただいた方から，「"马月" はありますよ」という指摘を受けました。

陰暦の五月を "午月" と称し， "午" は十二支のウマであるところから， "马月" ともいうのだそうです。うーん，そうかなあ，わたくしは五月の "五" と午月の "午" がともに wǔ で発音が同じところからで，ウマとは無関係かと思っていましたが……。

一年は子月 (十一月) に始まって亥月 (十月) に終わった

年を示すのに十二支の子，丑，寅，卯……を用い，これに鼠，牛，虎，兎……の動物を当てることは昔から行われていますが，月についてはあまり行われていないようです。

午月のほか，子月，亥月，卯月などは時折り目にしますが，それも書物の上であって，耳にすることはありません。子月は陰暦の十一月，亥月は十月のようです。古くは十一月を年の始まりとすることもあったようですから，この月に十二支の最初の「子」が当てられたのでしょう。十一月から数えると一年のおしまいは十月ということになりますから，この月に十二支の

最後の「亥」が当てられるというわけです。同様に卯月は二月ということになり，この点は四月の別称として卯月を用いる日本とは異なります。わが国の卯月は「卯の花」すなわちウツギの咲く月ということでしょう。

午月は十一月から数えて7番目の月

午月が五月の別称として使われることについて，上に記したようにわたくしは"午"と"五"の発音が通じるところかと思い込んでいましたが，十一月を子月とするところから考えると，五月は7番目の月，すなわち十二支の7番目の午の月ということになります。或いはこちらの方が当たっているかもしれませんね。

古代，十一月を年の初めとしたのはどうしてでしょうか。いろいろな説があるようですが，大修館書店の『大漢和辞典』には「北斗七星の柄が初昏に子の方向をさす月」とあり，同じ出版社の『中日大辞典』第三版もこれを踏襲して，「陰暦11月（の別称）：北斗七星の柄が，初昏に子の方向（正北）を指す月」としています。「初昏」という難しい漢語は，日没直後の時刻をいうようです。

一年の始まりは冬至から

陰暦十一月を子月とすることについては，そのほかいろいろな説が古い書物に載っていますが，一年の始まりを冬至からとしたことによるとするのがいちばん納得しやすいように思います。冬至は陽暦では12月の22日頃ですが，陰暦では十一月に属します。

初昏に北斗七星の柄が子の方向を云々が，冬至と関係があるのかどうかは，天文の知識に疎いわたくしにはわかりませんが，「一陽来復」ということばに示されているように冬至の日は陰が極まって陽が戻ってくる，転じて冬が去り春が来る日とされています。

"冬至大如年"（dōngzhì dà rú nián）ということわざが示しているように，かつては冬至は正月と同じくらいにぎやかに祝われ，その習慣は今も江南の一部の地域に残っているようです。

姉妹で「齢」の字を共有

　宋家の三姉妹と中国近現代史のかかわりについて何か書いてみたい気がしなくもないが，この連載のテーマから大きく離れることになるし，第一わたくしは歴史の専門家でもなんでもないので，やはり控えておくことにします。

　ではなんで三姉妹をもちだしたかというと，その名前の付け方に興味があるからです。靄齢，慶齢，美齢と名前を並べてみると，3人が姉妹関係にあることが容易に想像がつく。「齢」の字を共有しているからである。男女にかかわらず，男どうし女どうし，きょうだいがその名に一つの文字を共有することは珍しくない。日本でも珍しくはないが，ただ日本とは異なり，親子で一つの文字を共有することは，まずありえない。

気になる日本語 42

第43話
"冬至馄饨夏至面" 冬至にはワンタン

――――――――― 成語・ことわざ雑記 ―

所によっては正月以上のにぎわい

　ちょうど冬至の時期に南の広州に滞在したことがあります。用談の相手がなんとなくそわそわというか，うきうきというか，"心不在焉"(xīn bù zài yān) 心ここにあらずという様子で，落ち着きがありません。気の置けない相手でしたので，「どうかしましたか？」と聞いてみたところ，「きょうは冬至でして」という答えが返ってきました。

　冬至は正月と同じくらい，家によっては正月以上に，ごちそうを食べてにぎやかに過ごすのだそうです。初耳なので，「どこの家でもそうですか？」と確かめたところ，「どこでも」というわけではないが，この地方ではかなりの家がそうだとの答えです。

寒さに備えてワンタン

　思い当るところがあったので，「ワンタンを食べるんですね」と応じたところ，「よくご存じで」とほめてもらいました。

　○ "冬至馄饨夏至面" dōngzhì húntun xiàzhì miàn 冬至にはワンタン，夏至にはうどん。

　例によって出どころは覚えていませんが，こんなことわざがあったのを思い出したからです。わが国のかぼちゃに当るのが，中国ではワンタンといったところでしょうか。もっとも，南方では "汤圆"(tāngyuán―もち米のだんご) が一般的とか。

135

わが国では，と言ってしまってよいのかどうか，とにかくわが家ではかぼちゃを食べるくらいで，冬至だからといって特別なことはしません。そうそう，柚湯（ゆずゆ）につかるのでしたね。ぬるぬるして気持ちが悪いので，わたくしは敬遠していますが……。

何人かの知人や友人に確かめてみましたが，中国でも北の方では特別な行事はないようです。

冬至が過ぎると寒さ本番

ついでに"冬至馄饨夏至面"の"夏至面"についても聞いてみましたが，こちらは「さて？」と首をかしげるだけで，はかばかしい答えは返ってきません。「中国人はうどんが好きで，夏でも冬でも食べますからね」なんて答えてくれた人もいます。

ある人が，代わりにと言って，

○"夏至未来莫道热，冬至未来莫道寒" xiàzhì wèi lái mò dào rè, dōngzhì wèi lái mò dào hán というのを教えてくれました。

食べ物とは関係がありませんが，面白いですね。夏至までは暑さも序の口，冬至までは寒さも序の口，といったところでしょうか。わが国には「暑さ寒さも彼岸まで」というのがありましたね。

夏至の雨は値千金

○"夏至日头长" xiàzhì rìtou cháng 夏至は日が長い。

よく耳にも目にもします。あまりにも当たり前，「知れたことさ」といったところでしょうか。

○"夏至雨，值千金" xiàzhì yǔ, zhí qiānjīn 夏至の雨は値（あたい）千金。

休日には，教職を退いてからは週の半分は休日みたいなもの
ですが，晴れてさえいれば鍬を手に過ごす老生には，夏至の頃
の雨のありがたさがよくわかります。この夏至の雨が無けれ
ば，

　○　"夏至无雨，碓里无米" xiàzhì wú yǔ, duì lǐ wú mǐ　夏至に雨
が降らなければ，凶作で秋にはひき臼の中は空っぽ。

　"碓"とは足で踏んで杵を上下させる米つき道具のことです。

初めは「林」の字にしようとしたが

　触れ忘れたが，靄齢，慶齢，美齢の「齢」の字，初めは
「林」にしようとしていたのを「齢」に改めたのだと何かの
本で読んだ記憶があるが，例によって，本の名は思い出せな
い。何でも姉妹のお父さんだかお祖父さんだかがアメリカの
大統領のリンカーンを尊敬していて，リンカーンの「リン」
に「林」の字を当てて姉妹の名に採用しようとしたところ，
これまた親戚だか友人だかの学問のある人から「林」の字に
はお墓の意味があってよくないから「齢」に改めたほうがよ
かろうとのアドバイスを受けて従ったのだそうです。

　"林"(lín)と"齢"(líng)，中国語の入門時にうるさく言わ
れる前鼻音と奥鼻音の違いがあって，同じ「リン」でも発音
が異なるのですが，実は宋家一族の上海一帯ではこの違いは
ないのです。

気になる日本語 43

```
第 44 話
```

春宵一刻値千金

――――――― 成語・ことわざ雑記 ―

"春雨貴如油"

夏至の頃の雨は確かに「値千金」ですが，それ以上にありがたいのが春の雨。

○ "春雨貴如油" chūnyǔ guì rú yóu

華北一帯では農事にとってもっとも大切な春の種まきの時期に雨が降らず，日照りが続くことが多いようです。ですから，春の雨は油と同じくらい貴重であるというのです。"贵如油"は"贵似油"(guì sì yóu) とも。

○ "春不种，秋不收" chūn bù zhòng, qiū bù shōu

当たり前のことですが，春に種をまかなければ，秋の収穫は望めません。蒔かぬ種は生えぬ。努力しないで好い結果は得られない。

○ "春种一粒籽，秋收万担粮。" chūn zhòng yī lì zǐ, qiū shōu wàn dàn liáng.

春に一粒の種をまけば，秋には量り切れないほどの収穫が得られる。

元祖「値千金」

春宵一刻値千金，	春宵一刻値千金，
花有清香月有陰。	花に清香有り 月に陰有り。
歌管樓臺聲細細，	歌管 楼台 声細細，
鞦韆院落夜沈沈。	鞦韆 院落 夜沈沈。

138

ご存じ東坡の号で知られる北宋の蘇軾の『春夜』詩です。ここにも「値千金」が出てきました。元祖「値千金」といったところでしょうか。

　別に難しい詩ではありません。後半の二句は歌声や管弦の音でにぎわっていた楼台も次第に静まりはじめ，中庭のぶらんこも乗る人がなく，夜はしんしんとふけていく，くらいの意味でしょう。

蘇軾の詩句が起源？

　ついでに，上の詩の簡体字と拼音も記しておきましょう。題名の"春夜"は Chūnyè，作者の"苏轼"は Sū Shì，号の"东坡"は Dōngpō です。

春宵一刻值千金，	Chūn xiāo yī kè zhí qiān jīn,
花有清香月有阴。	huā yǒu qīng xiāng yuè yǒu yīn.
歌管楼台声细细，	Gē guǎn lóu tái shēng xì xì,
秋千院落夜沉沉。	qiū qiān yuàn luò yè chén chén.

ところで，上にこの詩が「値千金」の元祖かと記しましたが，或いは「春宵一刻値千金」またはこれに類したことわざ的なものがあって，それを蘇東坡が詩中に取り込んだとも考えられそうです。

誰にとって「値千金」？

　蘇東坡の詩句が起源かどうかはともかく，「春宵一刻値千金」は今日もことわざ的によく使われているようです。

　近刊の温端政主編《俗语大词典》(商務印書館，2015年6月) も，この句を諺語として収めています。その解説が面白いので，

原文を引いておきましょう。

　　指男女欢会或新婚之夜十分宝贵，不可虚度。
　逢引中の男女や新婚夫婦にとって春の宵はまさに値千金，無
駄に，無為にと言うべきか（笑），"不可虚度" 為すこと無く過
ごすことを戒めているというのです。

三兄弟は「子」の字を共有

　ついでに三姉妹の男兄弟の方も見ておきましょう。三姉妹
の父・宋耀如と母・倪桂珍との間には，同じく３人の男兄弟
がいました。上から順に子文，子良，子安とやはり「子」の
一字を共有しています。うち子文は靄齢の夫の孔祥熙と同じ
く中華民国財政部長を務めています。

　さらに孔祥熙と宋靄齢の間に生まれた４人の男兄弟は順
に令怡，令侃，令偉，令傑と，こちらも「令」の字を共有し
ています。

　美齢が嫁いだ蒋介石は先妻毛福梅との間に経国，緯国の２
人の男児をもうけています。もっとも，弟の緯国については
養子説が有力ですが。うち兄の蒋経国はモスクワ留学，かの
地で中国共産党に入党し父と対立しますが，のち和解，国民
政府の台湾移転後の 1978 年に総統に就任しています。

気になる日本語 44

第45話

「サヨナラ」ダケガ人生ダ（一）

――― 成語・ことわざ雑記 ―

春眠暁を覚えず

蘇軾の「春宵一刻値千金」と同じくらい，或いはこの句以上によく知られているのが盛唐の詩人孟浩然の『春暁』詩の起句「春眠暁を覚えず」であろう。どなたもご存じかと思いますが，念のために掲げておきましょう。

　　春眠不覺曉，　　　春眠暁を覚えず，
　　處處聞啼鳥。　　　処処　啼鳥を聞く。
　　夜來風雨聲，　　　夜来　風雨の声，
　　花落知多少。　　　花落つること　知りぬ多少ぞ。

　結句の「花落知多少」は，花もさぞかし多く散ったことであろうよ，くらいの意。

絶句は第一，第二，第四句の末尾字が押韻

　こちらも簡体字とピンインを記しておきます。言い落としましたが，先の『春夜』の詩も，この『春暁』詩も起承転結の四句のうち，起と承と結，すなわち第一，第二，第四句の末尾の字が，前者が -in と -en で，後者が -ao で韻を踏んでいることが，ピンイン表記を見るとよくわかりますね。当然ながら，漢詩の命ともいうべき押韻は訓読したのでは味わうことができません。

　　春暁　Chūnxiǎo　　孟浩然　Mèng Hàorán
　　春眠不觉晓，　　　Chūn mián bù jué xiǎo,

141

处处闻啼鸟。　　　chù chù wén tí niǎo.

夜来风雨声，　　　Yè lái fēng yǔ shēng,

花落知多少。　　　huā luò zhī duō shǎo.

　ついでに，「春はあけぼののうすねむり，まくらにかよふ鳥の声，風まじりなる夜べの雨，花ちりけんか庭もせに」という歌人土岐善麿の名訳も紹介しておきましょう。

絶品，井伏鱒二の訳詩

　上の詩を井伏鱒二はこんなふうに訳しています。

　　　ハルノネザメノウツツデ聞ケバ

　　　トリノナクネデ目ガサメマシタ

　　　ヨルノアラシニ雨マジリ

　　　散ツタ木ノハナイカホドバカリ

　井伏は，今は知りませんが，或いは今も，たいていの国語教科書に出てくる『山椒魚』の作者です。1898-1993。郷里の広島に投下された原爆の悲劇を克明に描いた『黒い雨』もいいが，わたくしはどちらかと言えば，『本日休診』や『駅前旅館』のような軽い筆致の喜劇風の作品が好きです。

ハナニアラシノタトヘモアルゾ

　原詩は省略しますが，井伏はまた唐の于武陵の『勧酒』（酒を勧む）という五言絶句を，

　　　コノサカズキヲ受ケテクレ

　　　ドウゾナミナミツガシテオクレ

　　　ハナニアラシノタトヘモアルゾ

　　　「サヨナラ」ダケガ人生ダ

と訳しています。後半の2行，井伏の名は知らなくても，聞き覚えのある人も多いかと思います。

　　春の夜や　いやです駄目です　いけません

　井伏にはまた，こんな戯れ句もあります。解説は不要でしょう。

元春，迎春，探春，惜春

　靄齢，慶齢，美齢の三姉妹は「齢」の字を共有していましたが，もう1例，「春」の字を共有している四姉妹をご紹介しておきましょう。

　上から順に元春，迎春，探春，惜春。ここまでで，「あっ知ってる」という人は，なかなかの中国文学通です。そうです，『紅楼夢』の4人の準ヒロイン級の登場人物の名前です。

　『紅楼夢』は18世紀，清の乾隆帝の時代に書かれた長篇小説で，作者は曹雪芹。ただし，80回までで未完。いくつかの続作があって，うち高蘭墅の作とされる後40回がよく知られています。

　四姉妹と言っても，『紅楼夢』の場合，栄国府と寧国府という二つの屋敷からなる賈家の一族の姉妹ですから，正確に言えば従姉妹ということになります。

気になる日本語 45

第46話

「サヨナラ」ダケガ人生ダ（二）

―――――――――――――――――― 成語・ことわざ雑記 ―

花発けば風雨多し

先の井伏訳の于武陵『勧酒』の原詩を教えてほしいとのことなので，次に示します。

勧君金屈巵,　　君に勧む　金屈巵，
満酌不須辞。　　満酌　辞するを須いず。
花發多風雨,　　花発けば　風雨多し，
人生足別離。　　人生　別離足る。

「金屈巵」は黄金製の把っ手のついた酒杯。「不須辞」は辞する必要はない，辞退しないでくれ。「足別離」は別離が多くある，別離がつきものだ。

人生足別离 rén shēng zú bié lí

簡体字とピンインも示しておきます。

劝酒　Quàn jiǔ　　　于武陵　Yú Wǔlíng

劝君金屈巵，　　Quàn jūn jīn qū zhī,

满酌不须辞。　　mǎn zhuó bù xū cí.

花发多风雨，　　Huā fā duō fēng yǔ,

人生足别离。　　rén shēng zú bié lí.

漢詩を鑑賞するに当たって，これをいわゆる漢文訓読式に読むのがよいか，現代中国語音で読むのがよいかは，意見が分かれるところであろう。中国人が中国語音で読むのは当然のこととして，わたくしたち日本人にとってはそれぞれに長所と短所

とがあり，一刀両断に一方を切り捨てるわけにはいかない。

訓読？　直読？──わたくしは鵺

わたくし自身は初め訓読法で中国の詩や文章に接し，かなりのめり込んだ後，思うところあって中国語の勉強を始めた。当然，現代中国語や少々時代を遡っても『水滸伝』や『紅楼夢』のような口語をベースにして書かれた作品は中国語で読む。

『論語』や唐詩のような古典は，一応音読を心がけてはいるが，行き詰まるとついつい訓読に走ってしまう。時にこれではよくないと反省はするが，一度染みついた癖はなかなか抜けそうにない。

伝統的な訓読法がよいか，中国語音による直読法がよいかの議論に，いま深入りするつもりはないが，わたくし自身は，どちらで読んだほうがよくわかるかの問題ではなく，外国文化に接する姿勢としてできる限りその国の人が読むように読むのがよい，と考えている。

人生別離足る

于武陵という詩人を，わたくしはよく知らない。多少の伝記的事実や作品のいくつかは専門家にはわかっているのであろうが，わたくしは『唐詩選』に収める上の五言絶句１篇を知るのみである。宣宗の大中年間の進士というから，９世紀中葉，文学史でいうところの晩唐の人ということになる。

人生足別离 rénshēng zú biélí

人生別離足る

「サヨナラ」ダケガ人生ダ

145

は，それぞれに味わい深い。

詩人が人生を詠んだ句では，なんと言っても杜甫の『曲江』詩中の

人生七十古来稀 rén shēng qī shí gǔ lái xī
人生七十古来稀なり

だろうが，于武陵の「人生別離足る」も捨てがたい。もう一度，「サヨナラ」ダケガ人生ダ。

宝玉を取り巻く女性たち

　栄国府の当主は賈赦で，赦と側室某氏との間に生まれたのが迎春。赦の弟の政と正室王氏との間に生まれたのが元春，側室趙氏との間に生まれたのが探春。もう１人，いちばん下の惜春は寧国府の当主・敬の娘です。

　栄国府の当主は赦ですが，実権は高い官職にあり，また娘の元春が貴妃として入内している政が握っています。この政の息子の宝玉が『紅楼夢』の主人公です。

　『紅楼夢』はしばしば『源氏物語』に比されますが，『源氏物語』が光源氏と光を取り巻く女性たちの物語であるとするならば，『紅楼夢』は賈宝玉と宝玉を取り巻く女性たちの物語と言えそうです。

気になる日本語 46

第47話
「サヨナラ」ダケガ人生ダ（三）

—————————————————— 成語・ことわざ雑記 —

但だ願わくは人の長久にして

但願人长久，千里共婵娟。

Dànyuàn rén chángjiǔ, qiānlǐ gòng chánjuān.

この句，ご存じだろうか。中国詩が好きな人なら一度は出会っているに違いない。蘇軾（そしょく）『水調歌頭』詞と題して，たいていの詞華集（アンソロジー）に収められているはずであるから。

耳で聴いたという方もおられよう。そう，『但願人長久』はかの台湾出身の歌手鄧麗君（テレサ・テン）の持ち歌の一つであった。

鄧の『但願人長久』は蘇軾の『水調歌頭』詞を若きシンガーソングライターの梁弘志が彼女の求めに応じて作曲したものである。

人には悲歓離合あり

蘇軾の『水調歌頭』詞については以前にも他の場所で取り上げたことがあるが（『ことばの散歩道Ⅱ』，白帝社，2010年），もう一度さらっておくと，「水調歌頭」というのは詞牌（しはい）（詞を唱う場合の曲調名）の一種。詞は長短さまざまの句からなる歌の文句で，曲調ごとに一定の句型や押韻法がある。曲調に合わせて歌詞を塡めるところから塡詞（てんし）とも呼ばれる。中唐に興り，五代・宋に栄えた。

『水調歌頭』詞の中の，次の句がいい。先の于武陵の〝人生足別离〟に通じるものがある。

147

人有悲欢离合，月有阴晴圆缺，此事古难全。

Rén yǒu bēihuān líhé, yuè yǒu yīnqíng yuánquē, cǐ shì gǔ nán quán.

千里嬋娟を共にせん

大意は，人に悲しみと歓び，別れと出会いがあり，月に晴れわたる時と陰っている時，満ちている時と欠けている時があるのは昔からのことで，ふたつながらうまくそろう（思う人と満月の夜に出会える）なんてことは，今も昔も望みえないことなのだ，といったところだろう。

それならば，と先に掲げたところの，"但愿人长久，千里共婵娟"の句が続く。

"但愿……"は，「ひたすら……であることを願う」。せめてわが愛する人が末長く元気でいて，千里のかなたにあっても，共にこの美しい月を眺めたいものだ。

「嬋娟」は女性の美しくあでやかな顔や姿態をいう語であるが，ここでは明月を指している。

大酔してこの篇を作り，兼ねて子由を懐う

"但愿人长久，千里共婵娟"は離ればなれになっている恋人や友人どうしが，同じ月を眺めることによって互いの心が通じ合っていることを確かめるのに，今も使われている。

ただし，元の句は蘇軾の詞の序文に「丙辰（1076年）の中秋，歓飲して旦に達り，大酔してこの篇を作り，兼ねて子由を懐う」とあるように，直接には兄の蘇軾が離れた土地にいる弟の蘇轍を思いやっての作である。

だとすれば，"但愿人长久"の"人"も長く別れたままの弟を指していると解さなければならないが，ここはやはりそのような背景を離れて，「わが愛する人」と読んでも差し支えなかろう。いや，むしろそう読みたい。

林黛玉と薛宝釵がヒロイン

　宝玉を取り巻く主だった女性は12人いて，これを「金陵十二釵」，金陵出身の十二美人と称します。先の四姉妹はそのうちの4人です。十二釵のうち，母の死後その実家である栄国府に引き取られた林黛玉（りんたいぎょく）と母方の従姉に当たる薛宝釵（せつほうさ）が宝玉の最も身近なところにいます。上に四姉妹を準ヒロイン級と記したのは，この2人をヒロインに見立ててのことです。

　複雑に入り組んだ『紅楼夢』の筋を限られたスペースで紹介するわけには行きませんし，小説の筋など知ったところで面白くもおかしくもありません。ただ，主だった人物だけでもおそらく100人は超えるであろうこの小説を読むうえで，中国式の命名の習慣を知っていれば，いちいち人物関係表で確かめなくても，先へ読み進むことができるということを指摘しておくにとどめましょう。

気になる日本語47

```
第48話
```

「サヨナラ」ダケガ人生ダ（四）

―――――――――――――――――― 成語・ことわざ雑記 ―

わたくしはテレサ・テンのファン

　"但愿人长久，千里共婵娟"を鄧麗君〔テレサ・テン〕が歌っていると書いた
ら，「先生，テレサ・テンをご存じでしたか」と若い友人が目を
丸くしました。

　「ご存じどころか，大のファンですよ」と答えたら，こんどは
「あんな下ぶくれのぽっちゃりしたのがタイプですか」と冷や
かされました。わたくしは彼女の歌が好きだと言っただけで，
彼女の容姿のことを言ったつもりはないのですが……。もっと
も，タイプでないこともないけどね。

　容姿もさることながら，どこかものうい，ちょっとかすれた
ような，甘いあの声，ソプラノというのかな，それともアルト
かな。やはり魅力がありますね。

奪い去られたカセットテープ

　わたくしは1979年の春から2年間北京に滞在していました
が，ちょうど改革開放政策が始まった時期で，教えていた大学
の日本語のクラスも，文化大革命中の重苦しい空気から解放さ
れて，活気に満ちた明るい雰囲気を取り戻していました。

　わたくし自身の勉強のための中国語のカセットテープや，教
材として用意してきた日本語のテープに混じって，何本かのテ
レサ・テンのテープがあるのを宿舎に遊びに来ていた学生が目
ざとく見つけて，奪うようにして借りて行きました。数日たっ

て戻ってきた時にはケースとカバーは無残に破損し，本体の
テープもかなりの傷みようでした。返却に来た学生が申し訳な
さそうに言うには，皆で聴いたり，めいめいがカバーをコピー
したり，テープを複製したりしているうちにこうなってしまっ
たというのです。

人生幾たびか酔えるを得んや

　ただそれらのテープの中にどんな曲が入っていたかは，記憶
が確かでない。先の『但願人長久』は確かまだであったし，リ
バイバルブームを巻き起こした『夜来香』や『何日君再来』も
もう少し後であったような気がする。北京滞在のおしまい近く
になって，1980年の暮れ頃であったか，"何日君再来"を耳に
するようになったが，それが鄧麗君のものであったかどうか，
ちょっと記憶が怪しい。大のファンと言ってもこの程度です。
お恕しください。

　ところで，この『何日君再来』(いつの日か君また帰る) の中の
　　　人生难得几回醉，不欢更何待
　　　rénshēng nándé jǐ huí zuì, bù huān gèng hé dài
も，また先の「人生別離足る」，すなわち「サヨナラ」ダケガ人
生ダに通じるものがあるように思う。

今宵別れてのち，いつの日か君また帰る
　　　好花不常开，好景不常在。
　　　愁堆解笑眉，泪洒相思带。
　　　今宵离别后，何日君再来。
　　　喝完了这杯，请进点小菜。

151

人生难得几回醉，不欢更何待。

『何日君再来』の歌詞はこの後に例の "来来来，喝完了这杯再说吧" というささやきが入って，もう一度 "今宵离别后，何日君再来" が繰り返されて一番が終わる。

赦，政，敬，敷——ぼくにょう（攴）を共有

ついでに男性の方も見ておきましょう。先に記したように栄国府の当主は「赦」で，その弟が「政」，寧国府の当主は「敬」で，他にすでに死亡している「敷」がいます。おわかりのように宝玉の父親の世代は共通の文字ではありませんが，いずれもボクニョウ（攴）の字が使われています。祖父の世代は政の父が代善，敬の父が代化で「代」の字を共有，曽祖父の世代は代善の父が「源」，代化の父が「演」で，どちらもサンズイの字が使われているというぐあいです。

宝玉の世代は栄国府が「璉」「琮」「珠」「環」で，寧国府に「珍」がいます。いずれもタマへん（玉）で，宝玉と同世代であることがわかります。ちなみに「玉」の字がへんとして使われる場合は「王」に変わります。

気になる日本語 48

第 49 話

「サヨナラ」ダケガ人生ダ（五）

―――― 成語・ことわざ雑記 ―

80 年の暮れに歌っていたのは誰？

　先に、「（2 年間の）北京滞在のおしまい近くになって、1980年の暮れ頃であったか、"何日君再来"を耳にするようになったが、それが鄧麗君のものであったかどうか記憶が怪しい」と書いたところ、早速、中国の芸能事情に詳しい某君が、「テレサ・テンが"何日君再来"をレコーディングしたのは 1993 年のはずです」と教えてくれた。

　では 80 年の暮れにわたくしが聞いたのは誰が歌っていたのだろうか、それとも空耳かなあ、とのつぶやきには、「もっとも、もっと早い時期に台湾でレコーディングしているし、例の映画『孤島天堂』の挿入歌もあるし、渡辺はま子も歌ってるし、李香蘭も歌ってるけど……」との答えが返ってきた。

　「例の」と言われても、映画とは無縁の活字人間のわたくしには、少しも「例の」ではないが……。

挿入歌"何日君再来"はラブソング

　物の本によると、映画『孤島天堂』は蔡楚生監督、黎莉莉主演で、1939 年に制作されている。なんと 1939 年はわたくしの生まれた年である。言うまでもなく、中国は抗日戦争の真っ最中である。黎莉莉演じる酒場の踊り子は、自らが日本軍スパイから得た情報を思いを寄せる青年のいる抗日軍にもたらし、軍はその情報をもとに行動を開始。作戦はみごとに成功し、青年

153

の属する軍は次の任地へと移動していく。

　従って，挿入歌 "何日君再来" は去っていく青年との名残を
惜しんだラブソングとして理解するのが自然であろう。

主演女優が歌った，人気歌手が歌った

　観てもいないのだから断言はできないが，映画『孤島天堂』
は多分に甘いメロドラマ的な感じがする。その人気ドラマの挿
入歌を主演女優の黎莉莉が後にレコードを出し，またもう一人
の人気歌手の周 璇（チョウシュアン）もこれを歌ったために流行したらしい。

　歌い出しの "好花不常开，好景不常在" は，文字どおりには
「好（よ）き花は常には咲かず，好（よ）き 景（けしき）は常にはあらず」だが，言う
までもなく，楽しい時はいつまでも続くものではない，逢うは
別れの始め，つまり人生には別れがつきもの，「サヨナラ」ダケ
ガ人生ダ，と歌っているのである。

　だとすれば，続く "今宵离别后，何日君再来" も，すなおに
「今宵（こよい）別れてのち，いつの日か君また帰る」と，別離を恨んだも
のと解すべきであろう。

"君" は "军"——政治の浪に翻弄されたラブソング

　ところが，このありふれた恋の文句が思いがけない波紋を投
じ，物議をかもすことになった。"何日君再来" の "君" が
"军" に通じると言うのである。確かに中国語では "君" も
"军" も共に jūn で，同じ発音である。

　最初にケチをつけたのは占領中の日本軍である。移動して
行った抗日軍がいつの日かまた戻って来てくれることを祈った
歌であって，はなはだもってケシカランというのである。

154

さらには戦後の台湾でこの歌が流行した時。進駐してきた国民党軍が，"何日君（＝軍）再来"とは日本統治時代を懐かしんで，追い払われた日本軍がもう一度舞い戻ってくることを願った歌であると難癖をつけた。

話題がタイトルから外れっぱなしですが……

このところ，というかかなり前から，話題がタイトルの「気になる日本語」から外れてしまっているのが気になっている。こんなつもりではなかったのだと。

当初書きたかったのは，例えば，米軍普天間飛行場の移設問題をめぐって沖縄に出向いた菅官房長官が「粛々」ということばを使って，翁長知事から「上から目線」だと叱られたのはいい気味だというような話である。

「いい気味だ」は品がないかな？「溜飲が下がった」とでもしましょうか。

川中島の合戦の謙信の軍勢の様子を詠んだ頼山陽の詩そのものは大して上手いとも思わないけれど，詠い出しの「鞭声粛粛夜河を過る」はいい。いつの頃からか，この「粛粛」は薄汚れてしまった。

気になる日本語 49

第50話

「サヨナラ」ダケガ人生ダ（六）

———————成語・ことわざ雑記———

なぜか日本でも爆発的人気

　先に書いたように"何日君再来"は 1939 年制作の抗日映画『孤島天堂』の挿入歌として歌われたものが人気を呼んで，急に流行したらしい。歌詞もメロディーも多分にラブソング的な甘い歌であるが，それでも抗日映画の挿入歌であるからには，中国で大流行したとしても不思議ではないが，どういうわけか日本でも爆発的人気を呼んだという。

　豊満な肢体をチャイナドレスに包んだ渡辺はま子がこの曲を歌ったのはいつであったか正確にはわからないが，或いはわかっているけれどわたくしが知らないだけかもしれないが，例の『支那の夜』を彼女が初めて歌って人気を博したのは 1939 年の前年，昭和 13 年とのことであるから，"何日君再来"も翌昭和 14 年か翌々 15 年，すなわち中国での流行後，間をおかずに歌われたに違いない。

わたくしは『何日君再来』や『夜来香』『蘇州夜曲』を聴きながら育った？

　戦後も歌い継がれた，そして今もカラオケなどでナツメロの定番とし歌われている『夜来香』『蘇州夜曲』『桑　港のチャイナタウン』などの諸曲をはま子が歌ったのは，同じく昭和 14、15 年頃のことらしいから，わたくしは子守歌と共にこんな歌を耳にしながら幼時を過ごしたのかもしれませんね。もっと

も記憶として残っているのはもう少し後，終戦前後の頃からのような気がしますが……。

　抗日映画の挿入歌でありながら日本軍や日本国民の間でも愛唱されたり，甘いラブソングでありながら（というのはわたくしの独断かもしれませんが），恋人を指しているはずの“君”が同音の“軍”に通じるところから「政治」に弄ばれたりと，話題性に富んだというか，それなりに「厄介」な“何日君再来”であるが，それらを語るにはわたくしの知識は貧弱すぎる。

またもや「尻切れとんぼ」

　どうやらまた「尻切れとんぼ」で終わりそうだ。いや，もう終わってしまっているかな？　もとはと言えば，唐詩の「花發多風雨，人生足別離」を「ハナニアラシノタトヘモアルゾ，『サヨナラ』ダケガ人生ダ」とした井伏鱒二の訳筆のみごとさにひかれて脇道にそれたのでした。

　“何日君再来”はその脇道のさらに脇道ですが，歌中の“今宵离别后，何日君再来”も，“人生难得几回醉，不欢更何待”もいい句だと思いませんか。井伏さんならどう訳すでしょうね。

　中国で“何日君再来”を歌った藜莉莉や周　璇は，この歌を歌ったことで（？），苛酷な人生を歩むことになりますが，彼女らの運命については先年亡くなった作家の中薗英助さんに詳しい紹介があります。書名は『何日君再来物語』，いま手元にありませんが，河出文庫に入っているはずです。

中薗さんの本をお勧めします

　中薗さんは福岡の人で，北京に遊学，戦時下の北京で記者生

活をしながら文筆活動に従事した人です。どちらかと言えばマイナーな作家で，残された作品ほどには名を知られていないようですが，隠れたファンは結構いるようです。わたくしもそのうちの一人ですが……。

　関心をお持ちの方は上の『何日君再来物語』か，読売文学賞を受けた連作集『北京飯店旧館にて』(筑摩書房，1992年)，その続集『北京の貝殻』(同，1995年) あたりから読み始められることをお勧めします。通行の中国近代史や日中交流史の本からは得ることのできない感動と発見があること請け合いです。

『細雪』のナゾが解けるかも

　話題を戻す。「戻す」のではなく，再び「外す」。

　この春，ちょっとした，と言ってもわたくしにとっては「ちょっと」どころではない文学史上の事件が二つ続いた。

　一つは先に日本式命名法を紹介するのに鶴子，幸子，雪子，妙子の四姉妹の名前を引いた『細雪』の著者谷崎潤一郎の「創作ノート」の複写が見つかったという事件。『細雪』やもう一つの代表作『春琴抄』などの構想メモが存在するというのである。『細雪』の「雪」が登場人物の雪子の「雪」と関係があるのかどうかなど，モデルにナゾの多いこの作品の背景を知る手がかりが得られるのかどうか，一日も早い公刊が待たれる。

気になる日本語 50

第51話
「サヨナラ」ダケガ人生ダ（七）

―― 成語・ことわざ雑記 ――

駅前に旅館があった

　　春の夜や　いやです駄目です　いけません

　先に井伏鱒二にこんな戯れ句があると書いたところ，出どころを教えてほしいという人がいた。

　『駅前旅館』に出ているはずだと答えたら，何日かして，「探したが出てきません」と言ってきた。そんなはずはない。高校生の頃，わたくしは何冊かの文芸雑誌を愛読していた。「愛読」と言っていいのかな？　おおかたは立ち読みですから。

　『駅前旅館』はそんな雑誌のうちの1冊『新潮』に連載されていた。「駅前旅館」は今はもうすっかり見かけなくなってしまったが，戦後のある時期まで，たぶんわたくしの学生時代，ということは昭和30年代，つまり東京オリンピックが開催される頃までは，確かに存在した。

番頭さんが揉み手をしながら

　はっぴを着た番頭さんが揉み手をしながら客引きをする。庶民的で宿賃も安いが，時に修学旅行や団体客とぶつかって安眠できなかったりもする。そんな駅前旅館の番頭を主役に旅館の内と外で繰り広げられる悲喜劇をユーモラスな筆致で描いたこの小説は，戦後風景を知る，というよりも楽しむうえで第一級の作品であると言っていいだろう。

　くだんの句は番頭仲間の一人高澤がちょっと悪ふざけをして

159

いるのを見た食堂のおかみさんが,「あら高澤さん, いやです
わ。駄目です, いけません」とたしなめたのを受けて, 高澤が
図に乗って詠んだものである。その意を解したおかみさんは,
「ふふふふ」と恥ずかしそうな含み笑いをした, とある。それだ
けのことであるが, おくての高校生には十分に刺激的であっ
た。

晩年まで推敲を重ねた井伏さん

今, わたくしの手元に昭和60年から61年の間に新潮社から
出た『井伏鱒二自選全集』全12巻と補巻1巻がある。この本
は題名が示すとおり, 1898年生まれの井伏が晩年自ら作品を選
んで校定した, 言わば「定本」である。井伏は1993年に没して
いる。

「出てきません」と言われて, 早速, 全集第5巻に収める『駅
前旅館』の心当たりの箇所を探してみた。無い。そんなはずは
ないと, むきになって最初から最後まで読み通してみた。確か
に無い。

ボケたかと, こんな時に頼りになるO君に話したら,「有りま
すよ」と言って, 古本屋で100円で見つけてきたという『驛前
旅館』(新潮社, 昭和32年)の該当箇所に付箋を貼って送ってく
れた。大幅に手を入れた晩年の『自選集』では, 該当箇所は削
除されていたのである。

ザイショノコトガ気ニカカル

今回は(も?)中国語とも日本語ともまったく無縁の話で終
わりそうだ。おしまいに, お詫びのしるしに, 李白の『静夜詩』

の井伏訳を紹介しておこう。

牀前看月光　　ネマノウチカラフト気ガツケバ

疑是地上霜　　霜カトオモフイイ月アカリ

擧頭望山月　　ノキバノ月ヲミルニツケ

低頭思故郷　　ザイショノコトガ気ニカカル

まさに名人芸。うまい！　としか評しようがない。

周作人宛の日本人作家の手紙とはがき

　もう一つは中国の文人・周作人（1885-1967）が日本の文学者らから受け取った手紙やはがきが大量に見つかったという事件。孫の周吉宜さんが保管していたもの。なんと1500点を超えるという。発信者の中には島崎藤村や武者小路実篤らと並んで谷崎潤一郎も含まれているとのこと。こちらも，周作人ファンのわたくしには，一日も早い公刊が待たれる。

　周作人。この人を紹介するのは難しいですね。『広辞苑』第六版の記述を借りると，

　　中国の学者・日本文化研究者。魯迅の弟。北京大学教授。文学革命の理論家として活躍。日本占領下の北京で官職に就いたため，第二次世界大戦後は国民党により投獄。人民共和国成立後は翻訳，回想録執筆に従事したが，文革中に迫害死。評論集「自分の園地」「瓜豆集」など。

気になる日本語 51

```
┌─ 第52話 ─────────────────────────────
│
│      「喜」の字の祝いは満で？　数えで？
│
└──────────────────── 成語・ことわざ雑記 ─
```

「喜寿」は済ませました

　本題の，というほどのものでもありませんが，「成語・ことわ
ざ」からは外れますが，このところ目に留まったいくつかのこ
とばを取り上げることにします。「おぼしき事いはぬははらふ
くるるわざ」とか申しますから。

　昭和14年生まれのわたくしは，今年平成28年の10月1日
で満77歳に達します。何人かの友人や後輩が「喜寿ですね」
と祝福のことばを寄せてくれました。「みんなでお祝いをしな
ければ」などと言ってくれる人もいます。「いやもうとっくに
済ませましたから」と応じると，彼ならびに彼女らは，みな
きょとんとした表情を見せます。なかには，「さては先生，年齢
を詐称していましたね」などと，穏やかでないことを言う人ま
でいます。

『岩波』も『新明解』も満年齢

　この行き違い，種明かしするまでもなさそうですが，わたく
しのいう「喜寿」は数え年の77歳で，彼ならびに彼女らのい
う喜寿は満年齢の77歳であったというわけです。ついでなが
ら，「満」にしろ「数え」にしろ，77歳を喜寿と称するのは，
「喜」の字の草書体「㐂」を分解すると「七十七」に見えると
ころからきています。こんなことは，わたくしがわざわざ解説
しなくても，どなたもご存じですね。

今，手元の国語辞典を見ますと，例えば『岩波国語辞典』(第
七版，2009年11月）も，三省堂の『新明解国語辞典』(第七版，
2012年1月）も，「七十七歳（の祝い）」とか，「七十七歳（の長
寿の祝い）」とかしているだけで，数えで祝うのか満で祝うの
かについては触れていません。ただ，今日の通念として，特に
断りがなければ年齢は満で数えるのが常識ですから，両辞典と
も喜寿の祝いは当然満年齢によるものと解しているに違いなさ
そうです。

『広辞苑』も初版以来ずっと

　「特に断りがなければ」の「断り」の例としては，上の『岩
波国語辞典』の「重陽」の項に「陰暦九月九日の節句」とわざ
わざ「陰暦」を冠しているのを挙げることができます。

　岩波と三省堂の両国語辞典に従うかぎり，喜の字の祝いは数
えでとするわたくしの主張は引っ込めざるをえないようです
ね。

　こういう場合にしばしば引き合いに出される『広辞苑』はど
うでしょうか。残念ながら，わたくしにとって「残念」という
だけのことですが，1955年5月の第一版以来，最新の第六版
（2008年1月）に至るまで，ずっと断りなしの「七十七歳」，つ
まり満年齢扱いです。

『明鏡』は数え年

　わたくしの数え年説に味方してくれる辞典はないかと，書棚
からふだんはあまり引かない何冊かの国語辞典を引っ張り出し
てみました。

ありました！　北原保雄編『明鏡国語辞典』(大修館書店,
2002年12月初版)。「数え年七七歳」と明記されています。念の
為,「古稀」と「米寿」にも当たってみました。共に「数え年七
十歳」,「数え年八十八歳」とはっきり「数え年」と断っていま
す。

　編者の北原さんは大学での先輩ですし,編集委員の一人矢澤
真人君はわたくしの中国語クラスに出てくれていた人ですか
ら,この辞典の記述を信用することにしましょう。身びいきか
な？

記しにくい周作人のプロフィール

　周作人のプロフィールを記すのは難しい。上の『広辞苑』
が三省堂の『大辞林』第三版になると,こうなる。
　　中国の文学者。浙江省出身。魯迅の弟。日本に留学後,
　　語糸社の結成,日本・ギリシャ・東欧文学の紹介など多
　　方面に活躍。特に随筆は名文。著書「雨天の書」「瓜豆
　　集」など。
　ずいぶん違うものですね。『広辞苑』の「日本文化研究者」
よりも『大辞林』の「日本・ギリシャ・東欧文学の紹介など
多方面に活躍」の方が実像に近いかな。でも,『大辞林』が日
本占領下での動向や戦後の投獄,文革中の迫害など政治的な
側面にまったく触れていないのは物足らない。

気になる日本語 52

第53話

えっ，重陽の節句を陽暦で？

ーーーーーーーーーーーーーーーーーー 成語・ことわざ雑記 ー

まさか！

　９月７日の『朝日新聞』朝刊の「ことばの広場」は「重陽」を取り上げて，「あさって９月９日は重陽，菊の節句です」と解説していた。「まさか！」と思いましたが，この欄は「校閲センターから」とありますから，駆け出しの若い記者が書いているのではなく，きっとこういうことにうるさい老練の記者が書いているのでしょうから，重陽の節句も，もう陰暦ではなく新暦で祝うようになっているのでしょうか。

　でも，前回引いたように，『岩波国語辞典』は「陰暦九月九日の節句」とわざわざ「陰暦」と断っていますし，「喜寿」には断りのなかった『広辞苑』も，こちらは「陰暦九月九日」です。手元の辞典では『新明解』だけが，断りなしの「九月九日」です。

"老虎"と闘いながら菊酒ですか

　「重陽」はいまさら解説するまでもないかと思いますが，中国で陽（奇数）の最高の数である九を重ねるところからきた命名です。中国ではこの日に「登高」と称して小高い丘に登って菊酒を飲む行事がありましたし，わが国の宮中における「観菊の宴」もよく知られています。

　これらの行事は，古くから行われてきたものですから，当然陰暦によるもののはずです。"秋老虎"とトラにたとえられる

165

酷しい残暑の季節に丘に登って菊酒を飲む風流人など存在しません。

『朝日新聞』の記者が記すように、なるほど「まだ暑い季節ですが今は年中菊の花があります」が、いくら「長命を呼ぶ」からと言われても、この季節に菊の花を浮かべた菊酒を飲む気になれません。下戸の偏見かな？

王維「遍く茱萸を挿して一人を少く」

菊酒もさることながら、「登高」に欠かせないのが茱萸、和名カワハジカミという植物。この木の枝を髪に挿すと厄払いができると信じられていた。

王維の詩『九月九日憶山東兄弟』に、
　　遙知兄弟登高處，　　遙かに知る　兄弟高きに登る処，
　　遍插茱萸少一人。　　遍く茱萸を挿して一人を少くを。
という句がある。故郷山東の兄弟みなが茱萸を挿して丘に登っているきょう九月九日、自分一人遠く他郷にあって肉親をしのんでいる、と詠んでいるのである。

杜甫「百年多病　独り台に登る」

有名な杜甫の詩句、
　　風急天高猿嘯哀，　　風急に天高くして　猿嘯くこと哀し，
　　渚淸沙白鳥飛廻。　　渚清く沙白くして　鳥飛び廻る。
は、『登高』と題する七言律詩の起聯（第一句と第二句）である。
頸聯（第五、第六句）の、
　　萬里悲秋常作客，　　万里悲秋　常に客と作り，
　　百年多病獨登臺。　　百年多病　独り台に登る。

は，孤独な漂泊の旅を続ける多病の詩人の悲愴な境地を吐露して余すところがない。

わたくしの好きな現代作家

　現代の日本の作家のものはあまりというか，ほとんど読みませんが，数少ない例外のお一人は先年亡くなられた吉村昭さんです。

　この人の本領は言うまでもなく綿密な考証に裏付けられた『ふぉん・しいほるとの娘』，『戦艦大和』，『長英逃亡』，『桜田門外ノ変』，『ポーツマスの旗』などの歴史小説や伝記作品にありますが，それらの大作の合間に書かれたおびただしい数にのぼる取材秘話や身辺雑記，食べ物談義などの随筆的な小品もまた捨てがたいものがあります。『私の好きな悪い癖』，『私の引出し』，『わたしの流儀』，『わたしの普段着』，『回り灯籠』……，どの一冊の，どの一篇からも吉村さんのほのぼのとしたお人柄が伝わってきます。

気になる日本語 53

```
第 54 話
```

「人日」って？

```
──────────── 成語・ことわざ雑記 ─
```

陽数の重ならない例外の節句

　陰暦か陽暦かはともかく，わたくしには陰暦に決まっていますが，しつこいかな？　先の「重陽」は1月7日の「人日」，3月3日の「上巳」，5月5日の「端午」，7月7日の「七夕」と共に，1月1日の「元旦」を除く五節句に数えられています。

　うち，「人日」の1月7日を除いて，いずれも日付の数字が重なっていることにお気づきでしょうか。月，日ともに陽数（奇数）ですから，いずれの節句も「重陽」ということになりますが，一桁で最大の陽数が重なる9月9日を別格に扱って，この日のみを「重陽」と称しているわけです。

　いっそのこと，「人日」の代わりに「元旦」を五節句に数えることにすれば，いずれも陽数が重なってすっきりするのにという気がしなくもありません。

「人日」の由来を知りたいのに

　ところでこの「人日」ですが，この日に七草粥を食べることはよく知られていますが，なぜこの日を「人日」というのかは，あまり知られていないようです。

　今，手元の『岩波国語辞典』を引いてみますと，「人日」の項には「ななくさ」の項を見よとあるきりです。

　そこで「ななくさ」の項に当たってみますと，七草についていろいろ説明があったあとに，「七草の節句」の略，五節句の一

168

つ，七草粥を食べる正月七日，人日（じんじつ），とあるだけで，肝心の「人日」の由来については触れていません。

「人の日」と言い換えただけでは

同じ岩波書店の『広辞苑』はどうかというと，「人日」の項に，この語が『荊楚歳時記』に見えることを示したうえで，「五節句の一つ。陰暦正月七日の節句。七種の粥を祝う。ななくさ。人の日」としている。

「陰暦正月七日」と明記したところは我が意を得たりと言いたいが，こちらも肝心の「人日」を「人の日」と言い換えただけで済ませているのは，はなはだもって頂けない。

三省堂『大辞林』も，「五節句の一。陰暦正月七日のこと。七種粥を祝う風習がある。人の日」と，似たり寄ったりの記述である。

人の禍福・吉凶を占う日です

「人日」という語は『広辞苑』が記すように，確かに『荊楚歳時記』という６世紀の楚（湖北・湖南地方）の民間の風俗を記した書物に出てはくるが，一般に知られているのは盛唐の詩人高適がこの日に杜甫に贈った『人日寄杜二拾遺』（人日杜二拾遺に寄す）という詩のなかに出てくる

今年人日空相憶，　今年の人日　空しく相憶ふ，
明年人日知何處。　明年の人日　何れの処なるかを知らん。

においてである。

旧時，元旦の鶏に始まり，二日に狗，三日に羊，四日に豚，五日に牛，六日に馬，七日に人，八日に穀物の豊凶や人の禍

福・吉凶を占う風習があり，人日の行事が最も盛大であったのである。上の高適の詩句はいつ，どこへ左遷されるかわからない身の不安を占って詠んだものである。

津村節子さんのご夫君

　吉村さんの奥様は，こちらもまた小説家の津村節子さんです。学習院時代からの文学仲間で，おしどり夫婦として知られています。どちらが有名かなど論じるのはばかげていますが，わたくしは吉村さんの作品しか知りません。

　吉村さんと奥様との間にこんなエピソードがあります。ご夫婦で奥様の郷里である福井県へ旅行された折に，何かの席で「こちらは津村先生のご夫君の吉村昭さんです」と紹介されたというのです。（すみません，もとの文章に当たらずに記憶だけで書いていますので，正確な引用ではないかもしれません。）少なくとも郷里では津村節子さんの方が有名人であったというわけですね。

気になる日本語 54

第 55 話

「上巳」と「端午」

――――――――――――――― 成語・ことわざ雑記 ―

「上巳」上旬の巳の日

　わかりにくいと言えば，三月三日の「上巳」もわかりにくい。

　「上巳」という語の意味は「上旬の巳の日」である。陰暦一月の「人日」に続く三月の節句にこの日を当てたのであるが，のちに「重陽」すなわち陽数が重なることを重視して，巳の日であるかどうかにかかわらず三月三日を節句に定め，呼び方だけは相変わらず「上巳」を用いたのである。

　手元の辞典では『岩波国語辞典』が「陰暦三月三日の桃の節句」とのみするのは，不親切である。『新明解国語辞典』は「最初の巳の日の意」と注記してはいるが，その節句がなぜ三月三日であるのかに触れていないのは，やはり不親切であろう。

流水のほとりで禊を行う日

　本来三月の上巳の日に行われる節句が陽数の重なる三月三日に変わったのは，文献によると魏以降のようであるが，それ以降も依然として上旬の巳の日に節句の行事を催すことがあったらしいことも，文学作品などから窺うことができる。

　ところで，わが国では早くからこの日を「桃の節句」，「雛の節句」などとしているようであるが，中国ではもともと流水のほとりで禊をしてけがれを払った。王羲之の『蘭亭集序』で有名な「曲水の宴」は，この習慣が転じて文人の遊びとなった

171

もののようである。

　曲がりくねった水路の上流から觴を流し，自分の目の前を通り過ぎないうちに詩を作り杯を干すというこの遊びは「曲水流觴」と称され，わが国にも伝わり宮中の遊びとして行われた。

「端午」？　「端五」？

　「上巳」が三月上旬の巳の日なら，「端午」は五月の最初の午の日である。

　「端午」の節句が五月五日に行われるようになったについては，多くの国語辞典が「午」は「五」に通ずるところからとするが，先の「上巳」が陽数が重なる三月三日に固定したのと同じ理由で，「端午」も陽数が重なる五月五日に固定したと考えるほうが，より事実に近いであろう。もちろん固定化を促すうえにおいて「午」と「五」の発音が通じることが与かって力があったことは否めないであろうが。

　もっとも，「重陽」すなわち陽数の重なりを重視する立場からすれば，むしろ「端五」が先で，のちに「五」が「午」に通じるところから「端午」と書かれるようになったとも考えられるが，どうだろうか。

粽を食べて屈原を偲ぶ

　わが国では「上巳」が女子の節句，「端午」が男子の節句とされているようだが，中国にはそのような風習はなさそうだ。

　「端午」の節句にはわが国では，古来，邪気を払うため，菖蒲や蓬を軒にさしたり，粽や柏餅を食べる習慣があるが，中

172

国ではもっぱら粽を食べる。

　いまさら解説するまでもなさそうだが，よく知られているように，この日は戦国時代の楚の愛国詩人屈原が，妬まれて失脚し，汨羅江に身を投げた日とされる。

　粽は屈原の命日である五月五日にその姉が弟を弔うために餅を投じたのが起源であるとも，屈原を哀れんだ民衆が考案したものであるともされるが，もとよりいずれも言い伝えに過ぎないであろう。

どちらが有名人？

　突然，脈絡なしに吉村昭さんご夫妻の話を持ち出したのは，もとより「魂胆」あってのことです。

　実は先に引いた『広辞苑』，『大辞林』両辞典の周作人の紹介の記述を読んでいて，共に周作人を「魯迅の弟」としていることにちょっとひっかかったからです。

　「えっ，そうではなかったの？」いいえ，そういうことではないのです。「魯迅の弟」式の紹介が通用するのは，魯迅が周作人より有名人であることを前提にしてのことです。

　こんどこそ，「えっ，そうではなかったの？」でしょうか。ええ，必ずしもそうであったとは言えないのです。今でこそ魯迅は中国近代史上の「超」有名人ですが，五四以後のある時期までの北京大学教授周作人氏は，魯迅を遥かに凌ぐ文化界の大御所的存在でありました。

気になる日本語 55

第56話	

万事陽暦が主流だが

―――――――――――――――――― 成語・ことわざ雑記 ―

「五節句」元旦だけは別格

「五節句」という語の意味は言うまでもなく五つの節句の意
で，一、三、五、七、九の陽数（奇数）の月と，その月の初め
の陽数の日が重なる日，すなわち一月一日，三月三日，五月五
日，七月七日，九月九日を指して言ったもののようですが，そ
のうちいつのまにか，年の初めということで一月一日の「元
旦」だけは別格に扱われ，代わって一月七日の「人日」が加
わったものかと思われます。特にこの五つの節句をまとめて
「五節句」とするのは，或いは日本だけのものかもしれません。

ついでに言えば，「節句」はまた「節供」とも書かれますが，
こちらは節日にそなえられる供物の意が転じたもののようで
す。

「たなばた」は棚機

これまで見てきたもののほかに，五節句には七月七日の「た
なばた」があります。こちらも本来は陰暦の行事でしょうが，
今は陽暦で行われることが多いのは，ご存じのとおりです。

「たなばた」は棚機と書いて織機を意味します。牽牛，織女の
織女にちなんでの命名でしょうが，こちらも日本式でしょう。

中国では「七夕」「七月七」「七月七日」「乞巧」などと称され
てきたようです。うち「乞巧」は（女子が手芸に）巧みになる
ことを乞う意で，わが国でも「乞巧奠」（キッコウデン，キコウデ

174

ンとも）と称して，早くから宮中の祭事として行われていたことが文献に見えます。

女子が手芸に長じることを祈るところから，中国では早くから「女児節」とも称されていました。

バレンタインデーに取って代わられた「たなばた」

西王母の怒りを買って仲を天の河の両岸に裂かれた相思相愛の牽牛と織女がこの日だけ逢うことが許されたという伝説はわが国にも伝わり，恋人同士がこの日を特別な日として大切にしていたことはよく知られていますが，今は逢引の日としての役割はバレンタインデーとやらにすっかり取って代わられてしまったようですね。

それでも願い事がかなうことを祈る日としての役割はまだ失われていないらしく，わたくしがかつて勤めていた女子大学では，この日，教室棟の入口の近くに笹竹が立てられ，通りがかった学生が思い思いに願い事を書いて枝に結んでいたのを思い出します。立ち止まって盗み読みするのもはしたないので顔見知りの学生に「何て書いたの？」と聞いたところ，「早く就職が決まりますように」との答えでした。

せめて「重陽」だけは陰暦で

「五節句」に限らず伝統的な節句は陰暦に従って行われるべきものですが，今はほとんどが陽暦によっているようです。もっとも，中国では端午にしろ七夕にしろ，今もなおすべて陰暦で祝っています。元旦が陽の一月一日よりも陰暦の一月一日，すなわち「春節」のほうがはるかににぎわうことはよく知

175

られているとおりです。

　まあ万事陽暦に従ってというのが大きな流れでしょうが，節句ぐらいは陰暦で祝いたいものですね。なかでも，九月九日の「重陽」を，いくら年中菊の花があるからと言っても，残暑の酷しい陽暦の九月初旬にというのは，先にも書いたとおり，大きな違和感があります。

「周家の三兄弟」樹人，作人，建人

　ある時期までの周作人が中国文化界に占めていた位置の大きさについては，先にちょっと触れたいずれ公開されるであろう日本の文学者から受け取った手紙やはがきを見てもわかるはずです。

　ここで魯迅論や周作人論を展開するつもりはありませんし，また展開したくてもわたくしにはそれだけの準備がありません。まあ愛読者の一人として，周作人は「もっと評価されていいのでは」の一言だけは記させていただきましょう。

　「なんだ，そういうことだったのか」とあきれられるのを承知で打ち明けますと，周作人の名を持ち出したそもそもは，魯迅の本名が周樹人で，その弟が周作人，もう一人弟がいて周建人。つまり樹人，作人，建人という三兄弟の命名法が典型的な中国式であることを言いたかっただけのことです。

気になる日本語 56

```
第 57 話
```

陰暦九月は「菊月」

```
——————————————————— 成語・ことわざ雑記 —
```

占う日？　生まれた日？

　先に一月七日の「人日」について述べた際に，「元旦の鶏に
始まり，二日に狗，三日に羊，……七日に人，八日に穀物の豊
凶や人の禍福・吉凶を占う風習があり……」と記したところ，
「占う日」ではなく「生まれた日」ではないかという指摘を受
けました。

　さて，どうでしょうか。わたくしが占う日としたのは，孫引
きですが，『事物紀原』という宋代の本に，東方朔の『占書』に
「歳正月一日占鶏，二日占狗，……七日占人，八日占穀」とある
とするのによったものです。或いは別に「占い」ではなく「誕
生」の日とする記述があるのかもしれませんね。記述がなくて
も言い伝えがあることも考えられます。

　こんなことはネットとやらのお世話になればたちどころに解
決するのでしょうか。

杜甫にも「人日」の詩

　ついでに補っておきますと，同じ「人日」について，先に盛
唐の詩人高適がこの日に杜甫に贈った詩のなかの一節「今年の
人日空しく相憶ふ，明年の人日何れの処なるかを知らん」を引
きましたが，杜甫の方にも『人日』と題する詩があって，なか
に「元日到人日，未有不陰時」という句があるそうです。元日
から人日まで，ずっと晴れた日がない，と言っているのでしょ

177

うか。

杜甫の『人日』は『辞海』第六版からの孫引きです。高適の「人日杜二拾遺に寄す」に答えた詩なのか，たまたま「人日」を詠んでいるだけで両者は無関係なのか，唐詩に通じていないわたくしには判断のしようがありません。こちらもネットで検索すれば容易に答えが得られるのでしょうね。まあ「網盲」の老生，当面は（今生は？）紙の本で得た限りの知識で行くことにします。

「菊月」陰暦九月の異称

くどいようだが，陽暦の九月九日を「重陽」とするのは季節が早すぎるということについて，もう少し補っておきたい。

陰暦の月名には異称があって，一月を睦月，二月を如月，三月を弥生……とすることは，受験勉強で覚え込まれた（込まされた？）ことと思う。この順で行くと，九月は普通に習うのは長月であるが，ほかにもいくつかの異称があって，その一つは菊月である。陰暦の九月は，年によって異なるが，たいていは陽暦の十月から十一月の前半に重なる。

陰暦の九月はまた季秋とも称される。これは漢語で，七月の孟秋，八月の仲秋に続く秋の終わりの一か月の意である。

団子坂の菊祭

明治の作家二葉亭四迷の『浮雲』，夏目漱石の『三四郎』には，いずれも作品の舞台として団子坂の菊祭が出てくる。『浮雲』は作品を読めばわかることだが，小説の筋は十月の末から十一月の初めのこととして設定されている。

178

『三四郎』の方は月は明示されていないが,「秋晴れと云って,此頃は東京の空も田舎の様に深く見える」とあるところから,秋も深まった頃のことであることがわかる。

　　形ばかりの 浴_{ゆあみ}す菊の二日哉

明治 43 年の 10 月末から 11 月の初め,入院中の漱石は菊を詠んだ句をいくつも日記に残している。

茂樹,秀樹,環樹──小川家の三兄弟

　樹人,作人,建人の「周家の三兄弟」を読んでいただいた方から,「次はあの話ですね」と嫌みを言われました。「嫌み」と受け取るのは当方の「僻_{ひが}み」かな？　「周家の三兄弟」の話もそうですが,「あの話」も何回もしましたからねえ。

　「あの話」,そう,「小川家の三兄弟」の話です。茂樹,秀樹,環樹。こちらは中国人ではなく,れっきとした日本人。日本人にもこういう中国式の命名法があるのですね。

　なぜ中国式と言えるのか？　たまたま一致しただけで別に中国のまねをしたわけではないのではという疑問は,当然の疑問ですね。でも,やっぱり中国式でしょう。三兄弟のお父様の小川琢治_{たくじ}氏は地質学者・地理学者で中国の学問に造詣の深い方でしたし,その更にお父様も漢学者でしたから。

気になる日本語 57

第58話

節句働き？　節季働き？

―――― 成語・ことわざ雑記 ――

「節句」も「節供」も日本語

　一、三、五、七、九の奇数を陽とし，月と日がともに陽となる日を特別な日として重視する考えは中国のものだが，一月一日（のち一月七日），三月三日，五月五日，七月七日，九月九日をまとめて「五節句」とするのは日本のもののようだ。

　それに「節句」は古くは「節供」と書き，今もこちらが使われることもあるようだが，「節句」も「節供」も中国語ではなさそうだ。節供の「供」はこの日，特別な食べ物を供えて祝うところから当てられたものに違いない。

　「節句」「節供」に似た語に「節気」「節季」があるが，それぞれに異なる。

怠け者の節句働き "懒汉节日忙"

　セックとセッキは発音が近いので，わたくしなどもうっかり言い間違えることがある。

　先日，ラジオの文芸番組を聴いていたら，どこかの大学の先生らしき番組の司会者が，何度も「怠け者のセッキ働き」と言っていた。繰り返していたから，たぶんこの人は「セック働き」ではなく「セッキ働き」なのであろう。

　「節句働き」は解説するまでもなさそうだが，一般の人がみな休む節句の日にことさらに忙しそうに働くことをいう。

　「怠け者の節句働き」をどういうか中国の知人に聞いてみた

180

ところ，首をかしげているので，一通り説明したら，それなら
"懶汉节日忙"でしょうとのことであった。直訳に近いが，なか
なかうまい。それとも，もともと使われている中国語なのだろ
うか。

絶品，小さんの『睨み返し』

「節季」は季節や時節の終わりをいう語で，特に歳の暮れを
指していうことが多い。旧時の商習慣では，盆と暮れに勘定を
締めくくるのが普通であった。と書いたら，突然五代目小さん
師匠のあの人なつっこい丸顔が思い浮かんできた。

『睨み返し』。本当にそんな商売があったのかどうかは知らな
いが，大晦日，どうにも金繰りがつかない亭主に代わって，一
言も口をきかずにつぎつぎと借金取りを睨んで追い返すのであ
る。戸口にドカッと腰をすえて，きざみたばこをキセルで一服
一服吸いながら待ち受けて……。よしましょうね，落語の解説
をする場所ではありませんから。

でも，よかったなあ小さん。五代目小さんはもう聴くことが
できないが，小三治ならまだ間に合う。でも，この師匠小生と
同い年だから，なるべくお早めに（笑）。

"端午""中秋""年关"

今は掛け売買の決済は月ごとに行われるのが普通であるが，
かつては盆と暮れであった。もっとも，上方では三月の上巳，
五月の端午，九月の重陽など，ほぼ２か月ごとに行われていた
ようである。

中国ではどうであったか。こちらも時代や地方によって一定

しないようだが，最も一般的なのは例の『孔乙己』に描かれている端午，中秋節，大晦日である。

以前にも引いたことがあるが，『孔乙己』の結びにこうある。

自此以后，又长久没有看见孔乙己。到了年关，掌柜取下粉板说，"孔乙己还欠十九个钱呢！"到第二年的端午，又说"孔乙己还欠十九个钱呢！"到中秋可是没有说，再到年关也没有看见他。

我到现在终于没有见——大约孔乙己的确死了。

ノーベル物理学者を育てた漢学の素養

湯川さんは幼少の頃その漢学者のおじいさまから漢文の素読を仕込まれたそうです。

湯川さんて？　ああ，上の三兄弟の，中の秀樹さんです。「秀樹さん」なんてなれなれしい呼び方をしてはいけませんね。日本初のノーベル物理学賞受賞者湯川秀樹博士のことです。理論物理学や素粒子論の話など，わたくしにはそれこそチンプンカンプンですが，湯川さんがどこかで若い頃に親しんだ『荘子』の寓話が物理学的な思考を養ううえで大いに役立ったという意味のことを書いておられるのを読んで，このノーベル物理学者が急に身近な存在に感じられました。寺田寅彦は言うまでもなく，湯川さんにしても朝永さんにしても，科学者の随筆には味わい深いものがあります。

気になる日本語 58

第59話

春節，国慶節——"倒休"で大型連休

成語・ことわざ雑記

「節句」は"节日"だが

先に「怠け者の節句働き」を"懒汉节日忙"とした中国訳を
うまいと評した。ただし，日本語の「節句」は中国語では確か
に"节日"だが，中国語の"节日"には日本語の「節句」以外
のものも多く含まれる。

《现代汉语词典》で"节日"を引いてみると，こうある。

①纪念日，如五一国际劳动节等。

②传统的庆祝或祭祀的日子，如清明节、中秋节等。

"五一国际劳动节"は言うまでもなく「メーデー」のこと。
"三八妇女节"（国際婦人デー），"六一儿童节"（国際児童デー）な
どの国際的な祝日や十月一日の"国庆节"（建国記念日）が①の
グループの代表的なものである。

うらやましい"教师节"

もう一つ①のグループに属する記念日に"教师节"というの
がある。「教師の日」とでも訳すのであろうか。相当する祝日が
日本にはない（？）ので，訳語が思い浮かばない。

《现代汉语词典》には"教师的节日"としたあとに"我国的
教师节是9月10日"とあるから，中国だけではなしに他の
国々にも設けられていて，日は一定しないということか。

数年前に中国を訪れた際に，たまたま"教师节"にぶつかっ
て，訪問校の先生方の仲間に加わって盛大に祝ってもらったこ

183

とがある。

わたくしが北京に滞在していた1979、80年頃にはまだなかったようだから，改革・開放後の80年代に設けられた，或いは復活したものであろうか。

"其他同志"

今はどうか知らないが，北京に滞在していた最初の三月八日，普段どおり仕事場に行くと，"今日'三八'节，妇女同志下午放假，其他同志照常工作"という掲示を見かけた。女性諸氏は午後休み，その他の諸氏は平常どおり勤務すること。男性を"其他同志"としているのがおかしかったので，今でも覚えている。

①の新しい記念日のうち，最も盛大に祝われるのは，言うまでもなく国慶節であるが，この時期，十月一日の建国記念日に始まってたっぷり1週間は学校も会社も休みになる。法定の祝日はそんなに長くはないのであるが，前後の土曜日や日曜日を振り替えて長い休暇期間をつくるのである。この休日振替え制度を"倒休"（dǎoxiū）と称している。

"黄金周"ゴールデンウィーク

②の伝統的祝祭日のうち最もにぎやかなのは，よく知られているように"春节"（Chūnjié），すなわちわたくしたちの言うところの旧正月である。こちらも最低1週間，どうやりくりするのかつまびらかでないが，10日から15日くらい休んでいるところもある。

この春節と上の国慶節の長い休暇期間を"黄金周"と称して

いる。ゴールデンウィークをそのまま訳したもののようであるが，わが国のゴールデンウィークが4月末から5月初旬であるのとは異なる。もっとも，5月初旬には“端午节”と“五四青年节”があるので，こちらも“黄金周”に数えている人も少なくないようだ。

京大一家

　兄の茂樹さん，こちらも「なれなれ」ついでに「さん」で行きますよ。この人は東洋史学者で，特に甲骨文字（河南省の殷墟から発見された亀の甲や牛の骨に刻まれた象形文字）の研究で知られています。姓は貝塚，よそのお家の事情は知りませんが（覗きみる趣味もありませんが），小川姓は下の環樹さんが継がれたのですね。

　小川環樹氏は中国語学者で京都大学教授。わたくしたちの世代で中国の文学や語学を修めた人なら，誰もがみな直接間接に学恩を蒙っているはずの人です。

　京都大学と言えば，お父様の琢治氏，お兄様の茂樹氏，秀樹氏，いずれも同大学の教授を務められました。まさに京大一家ですね。

気になる日本語 59

第60話

中国の墓参日はいつ？

——— 成語・ことわざ雑記 ┘

誰にとっての「黄金」週間？

　"黄金周"は日本語のゴールデンウィークをそのまま訳したものに違いない。なぜなら *golden week* は和製英語であって，英語にはこのような言い方は存在しないからである。

　日本語のゴールデンウィークは「四月の終わりから五月の初めにかけての休日の多い一週間」というのが一般的な解釈で，わたくしもこの解釈に異を立てるつもりはないが，この一週間を黄金のように貴重な週であると受け止めたのは，実は休暇を享受する側のわたくしたちではなく，さまざまの娯楽を提供し享受させる興行者の側であったことは意外に知られていない。

　このことはいつか書いた。昭和30年代，まだ映画が娯楽の中心であった頃，ラッパの異名で知られていた大映の永田雅一あたりが，黄金の稼ぎ時とばかりにラッパを吹き鳴らしたのが始まりのようだ。命名者は当時の大映取締役・松山英夫氏とか。

忘れられた（？）シルバーウィーク

　こちらの主唱者は誰であったかは知らないが，悪乗りして（？）シルバーウィークなるものを唱えて柳の下のどじょうを狙ったりもしたが，定着することなく忘れ去られようとしている。そうでもないのかな？　手元の三省堂『新明解国語辞典』第七版（2012年1月刊）には「十一月三日の文化の日を中心とする，休暇・催し物の多い一週間」の通称，とある。

ゴールデンウィークの主唱者は映画会社であったが，バレンタインデーとやらのバカ騒ぎの主謀者はデパートあたりか。"恋人节"と称して中国にもぼつぼつ伝染しはじめたようだ。ただし，中国では女性から男性にチョコレートなどをプレゼントするのではなく，男性から女性にバラの花を贈るのが主流とか。この方がまだしも健全かな？

ハロウィン "万圣节前夜"

　バカ騒ぎと言えば，わが国ではここ数年とみに騒ぎが大きくなりはじめたハロウィンとやら。中国ではどうですかと聞いてみたが，こちらはまだ猖獗を極めるところまでは進んでいないようだ。『人民日報』の海外版を読んでいたら，イギリス留学中の学生たちが10月31日の万聖節の前夜を楽しく過ごしたという記事が，例の大きなカボチャをくりぬいてローソクをともした写真とともに載っていた。

　ハロウィンは11月1日の「諸聖人の祝日」の前夜をいうらしいが，中国語は今のところ"万圣节的前夜"で，ハロウィンを直訳した語はまだないようだ。

　この原稿を書いているきょう11月11日は，棒ばかりが並んでいるので"光棍节"独身の日とか。ネットで「爆買い」する独身男性の様子を映したテレビの画面に"全球11狂欢节"とあった。

"扫墓""春游""踏青"

　中国の伝統的な祝祭日のうち，わが国では沖縄の一部の地方を除いてあまり重視されていないものに"清明节"がある。清

明は二十四節気の一つで，春分後15日目であるから陽暦の4月5日前後に当たる。清明節の大きな行事は一族そろっての墓参り"扫墓"である。わが国の墓参りがお彼岸，すなわち春分，秋分の日の前後に行われるのとは異なる。

　清明は春の好季節であるので，学校行事として春のピクニック"春游"（chūnyóu）が行われたり，家族や友人と野遊び"踏青"（tàqīng）に出かけたりもする。北宋の張択端の『清明上河図』はこの日の首都汴京（開封）のにぎわいを描いたものとして知られる。

三十郎 — 振一郎　朝永家は日本式

　上に「湯川さんにしても朝永さんにしても」と書いた「朝永さん」は，二人目のノーベル物理学賞受賞者朝永振一郎博士のことです。朝永博士はわたくしが在学した頃の東京教育大学（現・筑波大学）の学長で，博士とのちょっとした縁についてはいつか書いたことがあります（『ことばの散歩道Ⅲ』師の影を踏む14・15，白帝社，2011年10月）。その中で，先生は骨折して寝込まれたのがもとで程なく亡くなられたとしましたが，直接には食道癌が原因とのことです。

　朝永博士のお父様は哲学者で，お名前は「三十郎」。三十郎 — 振一郎は同じノーベル賞学者でも，湯川博士の場合とは異なって，日本式の父子相伝の命名法ですね。お父様の三十郎氏に『近世に於ける「我」の自覚史』という本があって，かつてわたくしが愛読したことも先に記しました。

気になる日本語 60

あとがきに代えて

　　以下は昨 2016 年 7 月吉林大学出版社より刊行された本
シリーズ『ことばの散歩道』第 4 集までの日中対照版
《中日語言文化漫歩》の「後記」である。ここに付載する
理由については，本書の「はしがき」に記した。
　　なお，東坡詩『題西林壁』（西林の壁に題す）は以下のとお
りである。

横看成嶺側成峯，	横に看れば嶺を成し　側には峰を成す。
遠近高低無一同。	遠近　高低　一も同じき無し。
不識盧山眞面目，	盧山の真面目を識らざるは，
只縁身在此山中。	只だ身の此の山中に在るに縁る。

かれこれ 10 年ほど前から㈱サーチナ・中国情報局とわたく
しが代表理事を務める（一財）日本中国語検定協会のサイトに，
毎週 1 回のペースで「日本語と中国語」のタイトルの下にエッ
セイふうの小さな文章を寄せ続けている。それらの文章に加え
て，他の場所に発表してきた何篇かの同じくエッセイふうの軽
い文章を併せて『ことばの散歩道』と題して，これまで第 5 集
まで白帝社から単行本として刊行してきた。（目下第 6 集刊行準
備中。）
　うち，第 4 集までをこのたび吉林大学出版社から日本語と中
国語の対訳形式で出版していただくことになった。元の日本語
の文章にしても単行本にまとめることは考えていず，ただ折々
に気づいたり考えたりしたことを書き散らしてきたものであ

189

り，まして中国語に改めて中国の読者に読んでいただくことなどまったく念頭になかったので，毎回のテーマも記述のスタイルもはなはだ雑然としたものになってしまっている。にもかかわらず翻訳紹介に値するとして進んで橋渡しの労を取られたのは北九州市立大学教授・王占華氏であり，氏はまた校正段階で訳稿のすべてに目を通され，誤訳・誤印を正すとともに有益な助言を惜しまれなかった。編集の実務に当たられたのは吉林大学出版社策劃編輯・殷麗爽女史である。原本出版時にお世話願った白帝社編集長・佐藤多賀子さんの尽力に対するとともに深く謝意を表させていただきたい。

　翻訳を引き受けてくださった4氏は，ともに長年日本において中国語教育に携わっておられる，わたくしの最も信頼する友人である。上にも記したように，元々中国語に改めることは念頭になかったために，元の日本語は箇所によってはかなり晦渋なものになっていて，翻訳担当者を悩ませたに違いない。やむを得ず意訳したり，原文にない語句を補ったり，逆に原文にある語句を削除したりした箇所が随所に見られるが，これらの措置もまた日本語と中国語の発想や表現様式の違いを考えるうえで興味深い材料を提供してくれているものと信じる。

　本書を手にされる読者は中国において日本語を学んでおられる方々や日本文化に関心を持っておられる方々に違いない。逆に本書の著者は日本において中国語を学び，中国の言語と文化に深い愛着を抱いている老学究である。本書を通じてこの両者の楽しい対話がはずむことを心から願う次第である。

（2015 年 10 月）

上野恵司 共立女子大学名誉教授　文学博士
うえ の　けい じ

1939年10月大阪府に生まれる。東京教育大学（現・筑波大学）文学部社会学科，同漢文学科を卒業。1968年大阪市立大学大学院修了。1979年〜81年，北京にて研修。帰国後NHKラジオ中国語講座担当。筑波大学教授，共立女子大学教授等を歴任。西安交通大学客員教授。2000年4月より日本中国語検定協会理事長。

ことばの散歩道 Ⅶ
成語・ことわざ雑記

上野恵司　　著　者

佐藤康夫　　発行者

白 帝 社　　発行所

171-0014　東京都豊島区池袋 2-65-1

電話 03（3986）3271／FAX 03（3986）3272

http://www.hakuteisha.co.jp/

組版・印刷・製本／倉敷印刷㈱

2017年9月25日初版印刷　　2017年10月1日初版発行

Printed in Japan〈検印省略〉6914　ISBN978-4-86398-301-4

Ⓒ Keiji Ueno　＊定価はカバーに表示してあります。

日中言語文化比較エッセイ……………………上野恵司 著

新版
中国ことばの旅—中国語を知るための81章—　　　1989年5月

新版
中国語漫筆—ことばの文化72話—　　　1992年7月

中国語51話
ことばの文化背景　　　1997年10月

新版
中国語考えるヒント　　　2002年10月

新版 中国語72話
ことばの周辺　　　2007年6月

ことばの散歩道
日本語と中国語87話　　　2010年1月

ことばの散歩道Ⅱ
日本語と中国語58話　　　2010年10月

ことばの散歩道Ⅲ
日中故事ことわざ雑記　　　2011年10月

ことばの散歩道Ⅳ
甚ダシクハ解スルヲ求メズ　　　2012年10月

ことばの散歩道Ⅴ
《我是猫》誤訳・名訳・珍訳　　　2013年12月

ことばの散歩道Ⅵ
きょうは漱石，あしたは魯迅　　　2015年10月

ことばの散歩道Ⅶ
成語・ことわざ雑記　　　2017年10月